표류하는 세계

미국의 100개 팩트로 보는
새로운 부의 질서와 기회

표류하는 세계

스콧 갤러웨이 지음 | 이상미 옮김

ADRIFT

리더스북

일러두기

· 이 책은 국립국어원 표준국어대사전의 표기법을 따랐다.

· 용어의 원어는 첨자로 병기했다. 독자의 이해를 돕기 위한 옮긴이 주는 각주로, 원서의 출처
는 미주로 수록했다.

· 국내 번역 출간된 책은 한국어판 제목으로 표기했으며, 미출간 도서는 원어를 병기했다.

코로나19 합병증으로 세상을 떠난
사촌 앤드루 레빈에게 이 책을 바칩니다

차례

CHAPTER 1   **주주가치라는 신흥 종교**

CHAPTER 4   헝거 게임

CHAPTER 5   초연결 시대의 경제학

CHAPTER 6　하우스 오브 카드

CHAPTER 7　위기 혹은 기회

CHAPTER 8   혁신의 광풍

CHAPTER 9   가능한 미래

CHAPTER 10   ## 새로운 질서

들어가며

밸러스트

인생은 일어난 일이 아니라
일어난 일에 어떻게 반응하느냐에 달려 있다.
국가는 위기에 어떻게 대처하느냐에 따라 번영하거나 쇠퇴한다.

밸러스트

미국은 표류하고 있다. 바람이 불지 않거나 돛이 없는 것도 아니고, 선장이 없거나 장비가 부족해서도 아니다. 미국이라는 강력한 배는 정치 갈등과 부패, 이기주의의 바다에서 허우적거리고 있다. 사회를 둘러싼 논쟁들은 폭력적이고, 젊은 사람들은 관계를 제대로 형성하지 못하며, 제일 똑똑하다는 사람들은 나라를 희생시키면서 개인의 영광을 추구한다. 공동체는 쇠퇴하고 있다. 사회의 결합 조직은 회복할 수 없을 정도로 손상되었다. 수평선 너머로 어둠이 몰려오고 천둥이 친다. 태평양 건너에서는 중국이 부상하고 있으며, 대서양 너머로는 유럽이 쇠퇴하고 있다.

바람이 휘몰아치는 곳으로부터 배를 돌려 평화와 번영의 항로로 나아가려면 무엇이 필요할까? 나는 배와 돛의 종류를 구별할 수는 없지만 차트를 읽는 방법쯤은 안다. 데이터를 시각적으로 나타낸 차트에는 강력한 무언가가 있다. 문장이나 데이터를 읽는 지적 활동과 달리 차트는 한눈에 직관적인 평가를 할 수 있는 도구다. 지난 몇 년 동안 나는 팟캐스트와 사업을 통해, 또 내가 학생들을 가르치는 뉴욕대학교에서 우리의 현재 상황과 미래에 관해 이야기해왔다. 그러면서 데이터가 이러한 이야기를 명료하게 만들고, 상황을 더 분명하게 파악하는 데 도움이 된다는 사실을 깨달았다. 그래서 우리가 쇠퇴하고 있다는 본질적인 질문에 대한 나의 견해를 모아 책을 집필하기로 했을 때, 차트를 이 책의 전면에 내세우는 게 당연하게 여겨졌다.

데이터가 알려주는 정보는 복잡하지 않다. 미국은 지금도 발전하고 있지만, 이상을 향해 나아갈 때 가장 크게 발전했으며 탄탄한 중산층에 투자했을 때 가장 미국다웠다. 자, 이것이 내 원대한 경제 이론이다. 데이터 그리고 데이터가 들려주는 이야기 덕분에 나는 이렇게 확신할 수 있다.

이 이야기는 약 80년 전으로 거슬러 올라간다. 1945년 여름, 인류의 오랜 폭력의 역사에서 가장 파괴적인 사건이 막을 내렸다. 4월, 나치 독일은 무너졌고 8월에 미국이 원자폭탄 2개를 투하한 후 제국주의 일본은 항복했다. 전쟁으로 황폐해진 국가를 재건하는 데는 한 세대가 걸린다. 그러한 가운데 미국은 다른 문제에 직면했다.

미국 땅에서 벌어진 전투는 거의 없었지만, 전쟁은 미국 경제를 완전히 바꿔놓았다. 탱크와 비행기를 만들기 위해 자동차 산업을 재편했고, 군수품 생산과 운송을 지원하기 위해 해운 및 내륙 운송 시스템을 재구성했다. 배급 문제 때문에 휘발유에서 비누에 이르기까지 다양한 상품의 소비가 제한되었다. 1945년 미국 국내총생산(GDP)의 40퍼센트[1]가 전쟁에 투입되었다(지금은 3.7퍼센트[2] 정도만 국방비에 지출한다). 전쟁 이전 깊은 불황에 빠졌던 미국은 루스벨트가 내세운 '민주주의의 병기창'이라는 외교 기조에 따른 계획경제를 통해 되살아났다.

그러나 평화의 시대가 도래하면서 이 목적은 사라졌다. 미국 경제는 비즈니스의 거의 절반을 책임지던 고객을 잃은 셈이다. 탱크 공장과 선박 창고가 문을 닫았고, 이후 2년 동안 미군은 1,000만 명의 군인[3]을 감축했다. 대부분 젊은 남성이었던 이들에게는 일자리, 집, 자동차, 그리고 미래에 대한 희망이 필요했다.

성대한 행진이 끝나자 임금은 떨어지고[4] 임대료는 오르기 시작했다. 모든 주요 산업의 노동자들이 파업을 했고,[5] 미국 내 수요를 희생하면서까지 해외에 과잉 투자했다는 의혹에 분노가 들끓었고 이는 곧 민족주의 운동으로 용솟음쳤다. 정책 입안자들은 전쟁 이전의 대공황으로 되돌아가거나 더 나빠질까 봐 두려워했다.[6]

하지만 그런 일은 일어나지 않았다. 대신 민주주의의 병기창은 자본주의 엔진으로 완전히 탈바꿈했다. 그다음 30년은 기록적으로 낮은 실업률, 지속적인 경제 성장, 인프라 및 연구·개발(R&D)에 대한 광범위한 투자로 이어졌다.

이는 미국뿐만 아니라 전 세계적으로 삶의 질을 향상시켰다.[7] 유아 사망률과 빈곤이 급감했으며, 기대 수명과 문해력은 급상승했다. 미국이 주도하고 자금을 지원하는 가운데 전 세계가 동참하여 천연두를 근절하기도 했다.[8] 미국 원주민의 90퍼센트를 사망케 한 이 질병[9]은 인간이 의도적으로 근절한 최초의 질병이 되었다. 1969년, 용감한 우주 비행사 세 명이 38만 6,243킬로미터(제프 베이조스가 설립한 블루오리진의 뉴셰퍼드호가 비행한 거리보다 3,600배 더 멀다)를 여행했고, 그중 두 명이 지구의 유일한 자연 위성인 달에 마침내 발을 디뎠다.

중산층의 부상

중산층이 급부상한 이유는 무엇일까? "가장 위대한 세대Greatest Generation"
는 혼란스러웠던 1930년대와 1940년대를 겪으면서 단련되어 경제 대
국 미국을 건설하며 많은 것을 이루었다.

그러나 이 위업은 사람들이 속해 있던 어떤 '단체' 덕분에 가능했
다. 노동자들은 더 높은 임금과 더 안전한 근무 조건을 확보하기 위해
노동조합에 가입했다. 걸스카우트에서 봉사 단체에 이르기까지 여러
단체의 회원이 증가했다. 사회적 결합 조직이 성장하고 강력해졌다.
팀 스포츠와 유소년 야구 리그가 지역마다 자리 잡았고, 수백만 달러
규모의 산업이 되었다.

이러한 번영의 밑바탕에는 국가의 강력한 지원이 있었다. 제대군
인원호법안(G.I.Bill) 덕에 군인 200만 명이 대학교 학자금을 지원받았
고,[10] 수십만 명 이상이 주택담보대출과 중소기업 대출자금을 지원받
았다. 33대 대통령인 트루먼은 주택법을 통해 주택 건설 및 주택 소유
자금을 조달하는 정부의 역할을 확대했다. 뒤를 이은 아이젠하워는 현
재 가치로 5,000억 달러가 넘는 비용을 들여 40년에 걸친 고속도로 건
설 프로젝트를 시작했다.[11] 소득세는 최고 세율 91퍼센트에 달할 정도
로 급진적이었고, 고소득자들의 부는 사회보장제도나 기반 시설, 교육,
과학 분야에 대한 투자를 통하여 재분배되었다.

제2차 세계대전 이후 몇 년은 위대한 혁신의 시대였다. 컴퓨터, 휴
대전화, 인터넷 모두 전후 시대의 산물이다. 그러나 미국의 가장 큰 혁
신은 어떤 상황이나 사물이 아닌 사회·경제적 구조, 바로 중산층에 있

었다. 광범위하고 부유하며 두터운 중산층은 자본주의에 오랫동안 부족했던 것, 즉 밸러스트ballast를 제공했다. 밸러스트는 배에 무게를 주고 중심을 잡기 위해 배의 바닥에 싣는 중량물이다. 밸러스트는 폭풍이 몰아치는 환경에서 더 중요한데, 안정감을 주는 이 힘이 없으면 선적물의 무게와 관계없이 배가 전복될 가능성이 커진다.

1950년대와 1960년대 우리에게는 밸러스트가 있었다. 임금 인상, 공교육, 경제적 유동성, 풍부한 공산품의 조합으로 수백만 가구가 전례 없이 높은 삶의 질을 누릴 수 있었다. '노동자 계급'이라는 용어는 차고 2개, 여름휴가, 대학에 가는 아들(곧 딸도 포함된다)로 대변되는 중산층의 삶을 아우르기 어려웠다. 중산층은 매우 광범위한 개념이다. 의사, 변호사, 뉴욕 맨해튼 매디슨가의 광고주는 공장 노동자들보다 더 호화로운 삶을 살았지만, 그들과 그 어느 때보다도 많은 공통분모를 가졌다. 중산층은 개념적으로 계층의 소멸을 의미한다. 오늘날 미국인의 약 70퍼센트가 자신이 중산층에 속한다고 말한다.[12]

과거 미국에는 가난한 사람들이 너무 많았고 소수의 억만장자가 있었으나, 20세기 중반의 수십 년 동안 미국 역사의 문화적·경제적 서사를 정의한 것은 그들이 아니었다. 이 집단은 미국 GDP에 걸맞은 수준의 '혁신가'는 아니었다. 안정을 중시하고 발전을 믿었으며 널리 퍼진 번영의 가능성을 직접 목격한 이들, 바로 중산층이었다. 자본주의는 자본가를 제외한 모두에게 복잡한 역사를 선사했고, 두터운 중산층이라는 밸러스트가 있으면 풍요롭고 건강한 사회를 만들 수 있다는 사실을 증명하고 있었다.

흔히 인식하는 것과 달리 전쟁 이후 미국의 중산층[13]은 백인 남성만의 전유물이 아니었다. 1950년에서 1980년 사이에 2,700만 명의 여성이 노동 시장에 유입되면서 여성의 노동 참여율이 50퍼센트 증가했다. 1940년에는 소득 기준으로 백인 남성의 38퍼센트가 중산층이었고, 흑인 남성은 22퍼센트만이 중산층이었다. 1970년경에는 백인 남성의 65퍼센트가 중산층 수준의 소득을 벌었던 반면 흑인 남성은 그 비율이 68퍼센트에 달했다. 미국은 헌법의 불평등을 극복하지는 못했지만, 다른 어떤 시기보다 큰 진전을 이루었다.

새로운 위기

그러나 1970년대에 이르러 미국의 성공은 흔들렸다. 전쟁 이후 중산층 수준의 번영을 누릴 기회는 많아졌지만, 중산층 가운데 상위 계층이나 그 이상 부유층으로의 접근은 여전히 제한되었다. 법조계, 의료계, 기업 고위 간부직을 포함한 고소득 직업은 압도적으로 백인과 남성들이 차지하고 있었다. 빈곤과 기회의 제한은 지역사회와 세대를 초월해 지속되었다. 1960년대와 1970년대에 경제 성장이 둔화하면서 불평등에 대한 인내심이 약해졌고, 전후 번영으로 형성된 유대 역시 약해지기 시작했다. 또한 인권 운동의 성장이 맞닥뜨린 한계는 우리의 앞길을 가로막는 커다란 장애물이 남아 있음을 보여주었다.

제2차 세계대전 직후의 역동성과 혁신도 힘을 잃어갔다. 자본주의, 즉 경쟁 시장의 위험과 변동성으로부터 지위와 소득을 보호하려는 고위 경영진의 잘못된 노력 탓에 미국 재계에서는 대기업이 유행처럼 번졌다. 산업이 성장하는 과정에는, 환경 파괴로 인해 산업 폐기물로 완전히 오염되어 1,000가구가 이주해야 했던 나이아가라폭포 근처 러브캐널Love Canal[14]과 같은 지역도 나타났다. 우수한 일본 자동차가 미국 도로에 등장하면서 미국의 제조업이 갈 길을 잃었다는 사실이 드러났다. 그리고 민주주의로 세계를 구한 국가는 다음 도미노가 무너지는 것을 막기 위해 독재자들을 지지하게 된다.

1945년에 그랬던 것처럼 1980년에도 국가 종말에 대한 두려운 예견은 미국적 실험의 향후 과정에 대한 격렬한 논쟁을 불러일으켰다. 전후 시대 직면했던 도전에 대한 미국의 대응이 그랬던 것처럼, 1980년 국가적 위기에서의 대응이 40년이 지난 오늘날의 미국을 만들었다.

이 책은 위기에 대한 미국의 대응 방식과 그 대응이 만든 미국, 그리고 앞으로 미국이 나아갈 방향에 대한 내용을 담고 있다.

1945년과 1980년에 그랬던 것처럼, 미국은 다시 갈림길에 서 있다. 세계적인 전염병이었던 코로나19가 풍토병이 되면서 우리는 100만 명 이상의 미국인이 희생당한 전염병[15]으로부터 서서히 벗어나고 있다. 또한 주머니에 컴퓨터를 넣고 다니면서 전 세계 누구와도 즉시 소통하는 등, 기술은 법률, 세법 및 문화가 다룰 수 없을 정도의 예외적인 외부 효과를 가져왔다.

소외된 목소리와 백인 가부장제 사이에서는 타협점을 찾기보다는 전쟁을 준비하는 것처럼 보인다. 미국은 엄청난 번영을 누리고 있지만 그로 인한 이권이 소수에게만 돌아가면서 조금도 나아가지 못하고 있다.

이 책에서 다루는 100개의 데이터는 미국이 어떻게 여기까지 왔으며, 어디를 향해 나아갈지를 이야기한다. 분명히 말하자면, 객관성을 담보하거나 오류가 적기 때문에 데이터와 인포그래픽을 사용한 것은 아니다. 우리가 이해하고 있는 미국을 직관적으로 보여주기 때문에 선택한 것이다. 그림과 그래프에는 글이 따라올 수 없는 명확성이 있다. 이 책의 임무는 간단하다. 명료한 시각 자료를 통해 마음을 움직이고 행동을 이끌어내는 것이다.

CHAPTER 1

주주가치라는
신흥 종교

전후 호황이 사그라들기 시작하면서
미국은 주주 자본주의를 받아들였고
공동체와 제도 중심에서 견고한 개인주의로 방향을 틀었다.

위기와 격변의 1960년대와 1970년대를 겪은 후 미국에는 주주가치라는 신흥 종교가 등장했다. 기업 운영은 주가라는 단일 지표로 측정되었고, 나아가 전체 사회가 기업들의 시가총액 합산액으로 평가받을 수 있게 되었다. 월스트리트는 교회가 되었고, 다우존스와 나스닥은 예배 의식이 되었다.

이것은 디지털 시대에 적합한 척도였다. CD가 LP를 대체한 것처럼, 주주가치는 지역사회와 연방이라는 아날로그적 발상에서 비롯된 잡음을 주가 상승 또는 하락이라는 이분법으로 소거시켰다. 빨간색 또는 파란색, 상승장 또는 하락장으로 말이다.

누구보다 주주가치 극대화를 주장했던 경제학자 밀턴 프리드먼은 주가 상승이 아닌 다른 이유를 바탕으로 의사결정을 하는 경영진은 주주의 재산을 도둑질하는 것이며, "순수하고 완전한 사회주의를 퍼뜨리는 것"이라고 강조했다. 더 나아가 그런 사람은 '유럽인'이라고 손가락질받을 수도 있었다.

나는 1980년대에 캘리포니아대학교 로스앤젤레스캠퍼스(UCLA)를 졸업하자마자 들어간 첫 직장 모건스탠리에서 프로그램 분석을 담당했다. 대부분의 다른 분석가들과 마찬가지로 나는 투자은행이 무엇인지 전혀 이해하지 못했다. 우리가 자본주의라는 봅슬레이의 조종대를 잡고 있으며 많은 돈을 벌 수 있다는 사실만 알고 있을 뿐, 금융의 사회적 역할, 일에서의 보람 등은 전혀 고려하지 않았다. 우리는 자본가라는 종족의 최상위 포식자인 상장기업을 탄생시키는 일을 담당했다. 우리가 한 일은 숭고했다. 다른 사람들이 투자 자금을 마련하고… 기다렸다가… 더 많은 돈을 벌 수 있도록 돕는 것이 우리의 돈벌이 방법이었다.

1980년 로널드 레이건이 대통령으로 당선되면서 정부 정책은 이러한 기조를 강화했다. 레이건 대통령은 취임 연설에서 "지금 처한 위기 상황에서 정부는 문제를 해결할 수 없습니다. 정부가 바로 문제의 근원이기 때문입니다"[1]라고 말하며, 정부의 참여에 대해 분명하게 선을 그었다. 미국의 쇠퇴에 관한 레이건의 연설에 따르면, 노동자와 정부가 주주층을 억누르기 위해 동맹을 맺었고 이것이 성공을 향한 자유를 위협하는 경기 침체를 불러온 셈이다. 레이건은 성공한 사람들에게 부여되는 높은 세금, 과도한 사업 규제, 자본주의의 뿌리를 갉아 먹는 복지 프로그램 등 미국 경제에 영향을 미치는 정부 규제를 철폐하기 위해 재빠르게 움직였다. 레이건은 '진보주의'를 뜯어내고 그 자리를 견고한 개인주의와 '영웅적인 꿈을 꿀 권리'로 대체했다.

결과는 엄청났다. 경제는 호황을 누려 대통령 임기 첫해를 제외하고는 매년 성장했고, 물가 상승률은 14퍼센트에서 4퍼센트로 떨어졌다.[2] 주주가치 상승기를 달린 1960년대 중반 이후 내림세를 보였던 다우존스 산업평균지수(다우 지수)는 2배로 뛰었다.[3]

물론 레이건은 순풍을 등에 업고 있었다. 소련이 붕괴하고 중국이 시장경제로 전환하면서, 미국은 거대한 신규 시장으로 진출할 수 있는 동시에 값싼 노동력도 이용할 수 있었다. 이것은 연구실에서 활발하게 진행되던 기술 혁신과 맞물려 산업 자동화에서 개인용 컴퓨터에 이르기까지 일련의 도약을 주도하는 갱스터 자본이 되었고, 레이건 행정부 시절 이후에 비로소 가속화되었다. 기술 전환이라는 물결은 사회를 변화시켰고 수조 달러의 경제 성장에 큰 영향을 미쳤다.

01

—

부자 감세가 부채를 키웠다

레이건 정부의 대표적인 정책 수단은 감세였다. 1981년 레이건이 대통령으로 취임했을 당시 최고 한계 세율은 70퍼센트로 1935년 이래 최저였다.[1] 당시 부통령이었던 조지 H.W.부시가 대통령직을 이어받았을 때 최고 한계 세율은 28퍼센트였다.

최고 한계 세율은 세금을 결정하는 궁극적인 요인이 아니다. 경제학자들은 이 시기에 변경한 과세 등급 및 공제가 정확히 어떤 영향을 미쳤는지 논의해왔다. 그러나 세금 감축의 목적은 부유한 개인과 대기업이 내는 세금을 줄이는 것이었다. 이론적으로, 세금에 사용되지 않는 돈을 경제 성장을 촉진하기 위해 '재투자'하여 모두에게 혜택을 주자는 것이었다.

이 이론이 실제로 얼마나 잘 작용했는지 또한 논쟁거리다. 한 가지 확실한 점은 레이건 행정부의 감세 정책 탓에 연방정부의 적자는 제2차 세계대전 이후 최대치에 달했다는 것이다. 레이건이 대통령으로 취임했을 당시 미국의 국가 부채는 9,300억 달러였지만,[2] 임기를 마칠 때는 2조 7,000억 달러에 달했다. 전시도 아닌데 부채 규모를 3배나 늘린 대통령은 없었다.

더 큰 피해는 레이건이 미국에 '장기적인 사고의 부재'를 불러왔다는 것이다. 딕 체니는 이를 이렇게 요약했다. "레이건은 재정 적자가 문제가 아님을 증명했다." 그러나 그들은 재정 적자가 문제가 되기 전까지만 그랬을 뿐이다. 현재 미국의 국가부채는 30조 달러를 넘어설 위기에 처했으며, 레이건 대통령 취임 당시 32퍼센트였던 GDP 대비 부채 비율은 오늘날 폭발적으로 증가해서 120퍼센트가 넘는다.[3]

최고 한계 세율[4]

80%

60%

39.6%
● 개인
● 기업
40%

35%

20%

1980   1985   1990   1995   1999

출처: 미국 조세재단(기업), 미국 조세정책센터(개인)

02

—

정부의 존재감이 작아졌다

정치적 수사는 국가의 이념적 상태를 보여주는 척도다. 미국에서 이런 수사는 레이건 혁명 이후 현저하게 변화했다. 다수에 맞서 소수의 권리를 보호하고, 교육·기반시설·심층 연구처럼 시장이 주저하는 분야에 기꺼이 투자하며, 자본주의 시장의 틈새를 빠져나가는 사람들에게 안전망을 제공하는 등 정부가 존재하는 중요한 이유 가운데 몇 가지를 놓치기 시작한 것이다. 그 결과 많은 사람이 정부를 자유의 수호자가 아닌 자유를 위협하는 대상으로 여기게 되었다.

예전에는 이렇지 않았다. 20세기 전반에는 민주주의에 투자하는 것이 애국적 의무로 여겨졌다. 1953년 제너럴모터스(GM)의 찰리 윌슨Charlie Wilson 회장은 미국에 좋은 것은 GM에게 좋으며, GM에 좋은 것은 미국에도 좋다고 말하며, "차이점은 없다"라는 유명한 말을 남겼다.[1] 세금을 내지 않는 것은 자해행위로 여겨졌다. 정부가 대의 민주주의를 통해 우리의 모습을 그대로 반영한다고 믿었기 때문이다.

정부와 관련한 미국 역대 대통령의 발언[2]

"정부는 우리다. 우리는 정부, 당신과 나다."
시어도어 루스벨트, 1902

"정부는 우리를 지배하는 외부 세력이 아니라 우리 자신이라는
사실을 결코 잊어서는 안 된다."

프랭클린 루스벨트, 1938

"연방정부는 곧 국민이며, 예산은 국민의 필요를 반영
해야 한다."

존 F. 케네디, 1963

"영어에서 아홉 단어로 이뤄진 가장 무서운 말은 '정부에서
도와드리러 여기에 왔어요(I'm from the government
and I'm here to help)'이다."

로널드 레이건, 1986

"큰 정부의 시대는 끝났다… 오늘날 우리 연방정부는
30년 만에 가장 작은 정부이며, 매일 점점 더 작아지
고 있다."

빌 클린턴, 1996

03

—

인프라 투자를 하지 않는다

1966년 미국은 잠재 GDP*의 2.5퍼센트를 도로, 교량, 학교, 정수 시설, 하수도 등 사회 기반시설(인프라)에 투자했다. 이후 20년 동안, 그중에서 주로 닉슨과 레이건 행정부 시절에 인프라 투자는 극적으로 감소했다. 1983년에는 GDP의 1.3퍼센트로 사상 최저치를 기록했으며 그 이후로도 비교적 비슷한 수치를 유지하고 있다. 최근 몇 년 동안 건설 자재 가격이 인플레이션을 넘어섰다는 사실을 감안하면, 이 비율은 실제 투자 비율보다 과대평가된 측면이 있다.

이것이 실질적으로 의미하는 바는 무엇일까? 미국 도로 5개 중 하나는 상태가 좋지 않다.[1] 미국인의 45퍼센트가 대중교통을 이용할 수 없다.[2] 2분마다 한 번꼴로 수도관이 파열된다.[3] 핵심 인프라에 수많은 결함이 생긴 나머지 상상조차 할 수 없던 위기가 발생하기도 한다. 미시간주 플린트에서는 1만 2,000명의 어린이가 납으로 오염된 물을 마셨다.[4] 이 때문에 아이들은 학업 성취도와 지능지수에 영향을 미치고 알츠하이머병과 레지오넬라증을 불러올 수 있는 치명적인 뇌 손상을 입

---

* 한 나라의 노동이나 자본 등의 자원을 최대한 활용했을 때 달성할 수 있는 최대 GDP.

었다. 플로리다주 마이애미에서는 12층짜리 해변 콘도가 무너져 98명
이 사망했다.[5]

　반면, 중국의 GDP 대비 인프라 투자 비용은 미국보다 10배 더 많
다.[6] 상하이에서 베이징까지(1,200킬로미터) 기차로 4.5시간이면 가지
만,[7] 보스턴에서 워싱턴 D.C.까지(705킬로미터)는 7시간이나 걸리는[8]
이유는 이 때문일 것이다.

잠재 GDP 대비 인프라 투자 비율[9]

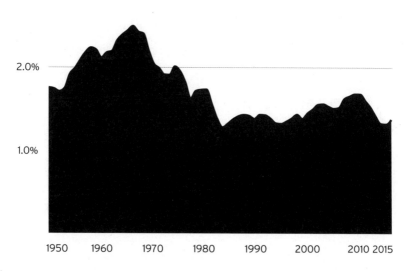

출처: 미국 경제정책연구소(EPI), 미국 상무부 경제분석국(BEA), 의회 예산국(CBO)
비고: 병원 및 교육 시설, 고속도로, 하수도, 교통 시설, 보존 및 개발 관련 공공 투자 포함.

04

—

미국의 정신 건강이 무너졌다

미국의 사회안전망 축소에는 여러 가지 측면이 있었다. 실업 및 복지 수당이 삭감되었고, 도시 인프라와 관련한 지출도 줄어들었으며, 지역 사회 보호·관찰을 위한 연방정부의 예산과 관리도 줄어들었다. 지역 사회에 심오하고 장기적인 영향을 미친 변화 가운데 하나는 공공 정신 건강 관리 예산이 줄었다는 것이다. 1960년대와 1970년대 정신질환 환자를 '탈시설화'하려는 전국적 운동으로 인해 정신과 치료의 가용성이 급격하게 감소했다. 이것은 많은 사람에게 축복이었지만, 심각한 정신 건강 문제를 지닌 수십만 명의 사람들은 스스로를 보호해야 했다.

이런 변화가 미치는 영향이 널리 알려졌음에도 국가는 취약 계층을 보호하려는 의지를 잃은 상태였다. 1963년 케네디 대통령은 연방 정신건강 치료 시스템을 구축하기 위한 법안을 추진했지만[1] 암살 이후 흐지부지되었다. 이후 지미 카터 대통령이 그의 비전을 이어가려고 했으나 탈시설화를 지지한 당시 캘리포니아 주지사 레이건에 의해 무산되었다.

오늘날 미국의 노숙자는 50만 명이 넘는다.[2] 이들 중 20퍼센트는 심각한 정신질환을 앓고 있으며, 17퍼센트는 만성적인 약물 남용으로 고통받고 있다. 수많은 연구에 따르면, 정신병원 병상의 감소와 노숙자 증가 사이에는 직접적인 상관관계가 있다.[3] 정신질환자들이 범죄 피해자가 될 가능성은 일반인보다 3배 더 높다. 또한 그들이 치료되지 않으면 법 집행 기관과 교도소 시스템에 부담이 되기도 한다. 미국은 이러한 국가적 문제를 지방 정부의 손에 맡겨왔다.

정신병원 입원 병상의 수[4]

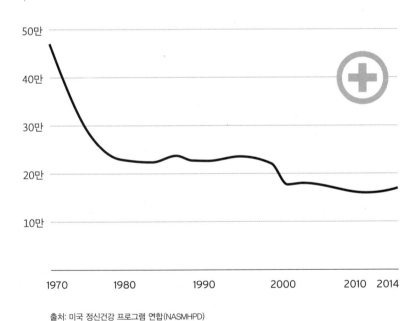

출처: 미국 정신건강 프로그램 연합(NASMHPD)

05

—

노동자가 설 곳이 없다

1950년에 미국의 비농업 부문 노동자들은 3명 중 1명꼴로 노동조합에 소속되어 있었다.[1] 그 덕분에 노동조합은 권력을 지닌 고용주에 대항해 조직을 갖추고 교섭력을 행사할 수 있게 되었다. 실제로 같은 해 미국에서 발생한 파업 가운데 1,000명 이상 노동자가 참여한 파업은 424건이 넘었다. 그러나 1980년부터 노동운동이 급감하기 시작하면서 1988년에 발생한 같은 규모의 파업은 고작 40건에 불과했다.

　노동운동으로 인해 근무 환경과 임금은 개선되었지만, 이러한 성공 덕에 노동조합 운동이 쇠퇴한 것은 아니다. 1980년대 부당노동행위 청구 건수는 과거 평균보다 훨씬 높았다. 노동조합 자체의 부패와 횡포를 포함한 여러 요인으로 인해 노조의 힘은 약해졌으며, 그 결과 권력은 노동에서 자본으로 이동했다.

파업 발생 및 부당노동행위 청구 건수[2]

■ 파업 발생 횟수 ━ 부당노동행위 청구 건수

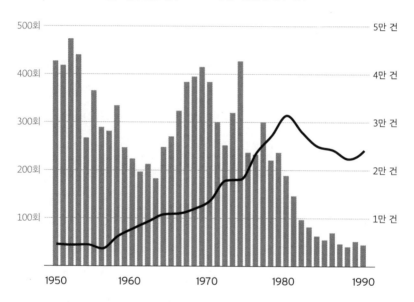

출처: 노동통계국(BLS), 미국 국가노동 심의위원회, 미국 경제정책연구소
주: 1,000명 이상 노동자가 참여한 파업 발생 횟수.

06

—

차입매수, 기업 사냥꾼의 배만 불렸다

1982년, 깁슨그리팅카드사Gibson Greetings가 8,000만 달러에 팔렸다.[1] 이 기업을 인수한 투자자는 100만 달러만 지불하고 나머지 자금은 대출로 충당했다. 그 당시에는 인수 자금의 대부분을 부채로 조달한다는 개념이 생소했다. 하지만 이 연하장 회사가 2억 9,000만 달러에 상장하고 투자자가 현금 6,600만 달러의 수익을 낸 이후, 이 전략은 순식간에 인기를 끌었고 차입금으로 기업을 인수하는 차입매수(LBO) 열풍으로 이어졌다. 연하장 업계의 거물이자 전 재무부 장관인 윌리엄 사이먼은 "이런 방식으로 돈을 버는 것은 다소 무섭다"[2]라고 말했다.

이후 미국 내 인수합병(M&A)에서 차입매수의 비중은 7년 만에 1퍼센트에서 30퍼센트로 급격하게 증가했다. 기업 사냥꾼들은 차입매수라는 신흥 종교의 종교재판을 시행했다. 주주 수익을 극대화하지 못한 경영진은 쫓겨났고, 회사는 부채를 조달하기 위해 회사 일부를 팔았다. 이 때문에 인수된 많은 기업이 파산했다. 1990년대 초 차입매수 유행이 식어갈 무렵, LBO 업계 종사자들의 주머니는 두둑해져 있었다.

미국의 인수합병 규모 대비 차입매수 비율[3]

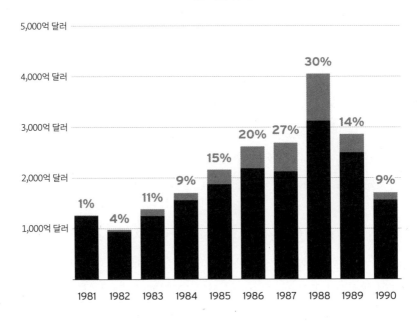

■ 차입매수 규모

5,000억 달러

4,000억 달러 ⋯⋯ 30%

3,000억 달러 ⋯⋯ 20% 27% 14%

2,000억 달러 ⋯⋯ 15% 9%

9%

1%

1,000억 달러 ⋯⋯ 4% 11%

1981 1982 1983 1984 1985 1986 1987 1988 1989 1990

출처: 파이퍼샌들러Piper Sandler
비고: 미국 내 인수합병만 포함.

07

—

높아지는 생산성, 정체된 임금

생산성, 즉 투입 대비 산출의 비율은 효율성을 측정하는 경제적 척도이다. 미국의 생산성은 1950년대 이후 놀라울 정도로 꾸준히 증가해왔다. 이는 미국이 노동력, 장비, 원자재에서 더 많은 가치를 얻는 데 계속해서 나아지고 있음을 의미한다. 1950년부터 1970년대 중반까지 생산성과 임금은 거의 비슷한 추세로 보조를 맞춰 증가했다. 이는 생산성 향상으로 인한 혜택이 일하는 사람들에게 돌아갔다는 사실을 의미한다.

그러나 1970년대 중반 이후 생산성과 임금은 따로 움직이기 시작했다. 산출물의 가치는 계속 상승했지만, 근로자들이 받는 급여는 그렇지 않았다. 1973년에서 2014년 사이 순생산성은 72퍼센트 증가했지만, 노동자의 시간당 임금은 9퍼센트 증가에 그쳤다. 노동자의 임금은 생산성과 나란히 갔을 때의 절반에도 미치지 못했다. 다시 말해, 미국은 계속 이기는 게임을 했지만 노동자들은 이겨서 받은 칩의 절반만 현금으로 받을 수 있었다. 그 돈은 다른 곳으로 가기 시작했다.

미국의 생산성 대비 시간당 임금[1]

1948년 기준

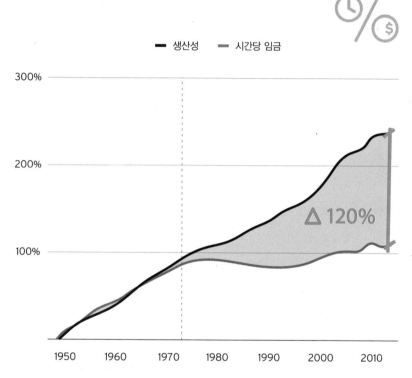

출처: 미국 상무부 경제분석국, 미국 노동통계국, 미국 경제정책연구소
비고: 생산성은 미국의 상품 및 서비스 순생산량에서 근로 시간당 감가상각을 뺀 값으로 계산. 시간당 임금은 인플레이션을 반영하여 조정했으며 관리직을 제외한 노동자 임금으로 계산.

08

—

99대 1의 사회, 계층 이동이 사라졌다

1970년대 이후 미국은 제조업 중심 경제에서 정보 중심 경제로 진화했다. 고등교육을 받은 사람들은 이러한 변화의 혜택을 누렸다. 1979년에서 2013년 사이, 미국 상위 1퍼센트 노동자의 급여는 거의 140퍼센트 증가했다. 주로 기업의 임원이나 변호사, 의사로 구성된 이 집단에서 은행가 비중이 점차 높아졌다. 1979년에는 소득 상위 1퍼센트 구성원 100명 중 8명이 금융업에 종사했으며,[1] 2005년에는 거의 2배 증가해 14명으로 늘어났다.

이 엘리트 집단이 달려가는 동안 나머지는 기어갔다. 급여 하위 99퍼센트 미국인의 임금 상승은 상위 1퍼센트에 비해 8배나 느렸다. 이에 따라 부를 축적하기가 훨씬 어려워졌고, 부모 세대에서 누렸던 상위 계층으로 이동할 수 있는 기회를 거의 누릴 수 없게 됐다.

미국의 소득 수준별 임금 상승률[2]

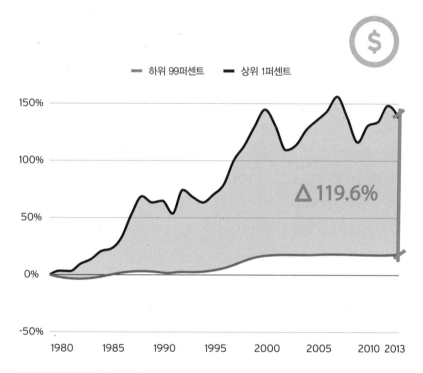

하위 99퍼센트   상위 1퍼센트

△119.6%

출처: 미국 경제정책연구소: Kopczuk, Saez, and Song

09

—

국세청이 제 기능을 못 한다

1960년 미국 국세청은 개인과 기업이 세금을 제대로 납부하고 있는지 확인하기 위해 납세자의 3퍼센트 이상을 대상으로 감사를 시행했다. 최근에 이르러 감사 대상은 0.5퍼센트 미만으로 급격히 떨어졌다. 이와 동시에 지난 60년간 진행한 세금 '개혁'은 허점, 사기, 오류가 발생할 가능성을 오히려 키우는 결과를 낳았다.

매년 미납 세금은 약 6,000억 달러로 추정되는데[1], 이 가운데 무려 28퍼센트가 상위 1퍼센트 부자들이 내지 않은 세금이다.

미국 국세청의 감사 시행 비율[2]

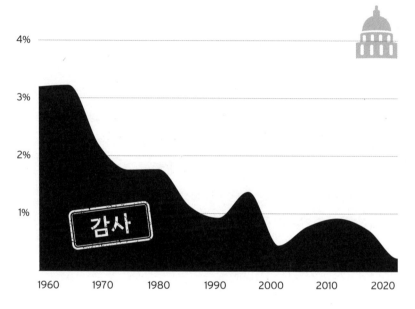

출처: 미국 국세청(IRS)
비고: 신고된 모든 세금 유형 포함.

10

—

기업이익 절반을 해외로 빼돌린다

이용할 수 있는 자원이 많은 대기업은 복잡한 세법을 다루는 데에서도 경쟁 우위를 지닌다. 기업이 선호하는 전략 중 하나는 버뮤다, 아일랜드, 싱가포르, 스위스처럼 법인세율이 낮거나 인센티브를 제공하는 국가에 페이퍼 컴퍼니를 설립해 수익을 해외로 이전하는 것이다.

1966년에는 기업이익의 약 5퍼센트가 해외 조세피난처에 예치되었다. 그러나 기업들은 곧 주주가치를 높이는 가장 쉬운 방법이 세금을 내지 않는 것이라는 점을 깨달았고, 2000년이 되어서는 기업이익의 25퍼센트 이상이 조세피난처에 예치되었다. 2016년에는 그 비율이 절반 이상으로 증가했다.

해외 조세피난처에 등록된 미국 다국적 기업의 이익 비중[1]

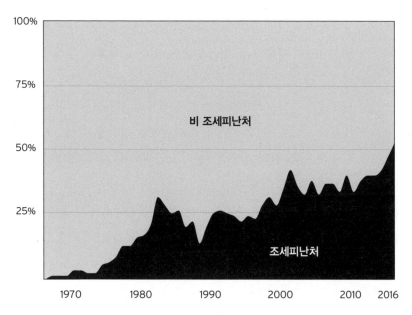

출처: 전미경제연구소(NBER)

비고: 비석유 부문 모두 포함.

11

—

미국인 절반이 주주다

지난 25년간 401K 퇴직연금*, 뮤추얼펀드, 인터넷 덕분에 주식시장에 참여한 미국 가구는 전체 가구의 거의 절반에 이르렀다. 이제 비즈니스 뉴스와 투자 매체는 실물경제의 주요 상품이 되었고, 주식 시황은 주요 경제지표 중 하나로 인식된다. 1989년에는 직간접적으로 주식을 보유한 가구가 미국 전체 가구의 3분의 1도 안 되었지만, 2019년에는 거의 절반 이상으로 증가했다.

주식을 보유한 가구는 증가했지만, 부의 불평등으로 폭주하는 열차를 늦추는 데 효과는 거의 없었다. 여전히 미국 가구의 절반 가까이는 전혀 주식을 갖고 있지 않다. 게다가 주식 소유자의 분포 또한 매우 불균등하다. 상위 1퍼센트의 미국인이 미국 가계 소유 주식의 거의 절반을 보유하고 있으며, 하위 80퍼센트는 13퍼센트만 보유하고 있다.[1]

---

* 매달 일정액의 퇴직금을 근로자와 회사가 적립해서 근로자가 이를 직접 투자하고 운용하는 퇴직연금이다. 여러 세제 혜택과 장점 때문에 미국 근로자들의 대표적인 노후 보장 수단으로 정착했다.

지난 40년간 미국 가계의 주식 보유율[2]

직간접 보유 주식 모두 포함

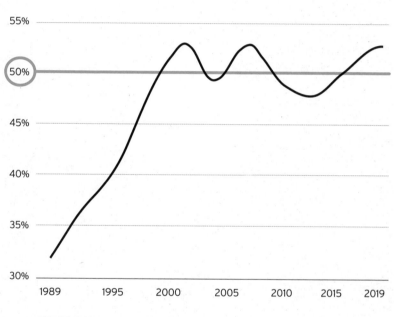

출처: 미국 연방준비제도 소비자금융조사(SCF)

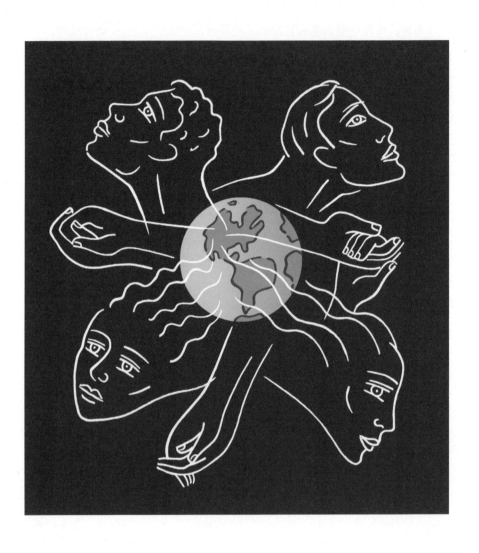

CHAPTER 2

미국이 만든 질서

경제적 생산성, 세계화, 민주화를 견인한
강력한 힘은 바로 구속받지 않는 자본주의였다.

제2차 세계대전 이후 미국 경제의 부상은 기술 발전과 더불어 전 인류에 전례 없는 번영을 가져왔다. 그에 따르는 대가가 번영의 의미를 모호하게 만들긴 하지만, 미국이 막대한 이익을 봤다는 사실을 인식하지 않고서는 오늘날의 미국과 세계를 제대로 설명할 수 없다.

세상 사람들은 40년 전보다 훨씬 더 부유하고 자유롭고 건강하며, 더 나은 교육을 받고 있다. 1980년에는 인류의 40퍼센트 이상이 극심한 빈곤 속에서 살았지만,[1] 오늘날 빈곤 인구는 10퍼센트 미만이다. 1980년에는 인류의 44퍼센트가 민권을 보장받지 못했지만[2] 오늘날 그 비율은 25퍼센트 미만으로 줄었다. 1980년에 태어난 아이의 기대 수명은 63세였지만 요즘 태어난 아이는 10년 이상 더 산다.[3] 1980년에는 15세 이상 인구의 30퍼센트가 정규 교육을 받지 못했지만, 2015년 에는 그 비율이 절반으로 줄었다.[4]

이런 것들은 전 세계적인 성과지만 그 중심에 미국이 있었다. 운송에서 광고에 이르기까지 모든 분야에서 미국의 혁신은 수요와 제조 사이에서 재빠르게 상승 곡선을 타는 전후 시대의 소비자 문화를 과열시켰다.

1980년대 이후 빈곤에서 벗어난 수십억 명의 사람 중 대부분은 아시아에 있었다.[5] 이들을 빈곤에서 벗어나게 해준 경제적 상승 수단은 미국과 유럽 시장을 위한 소비재 제조였다. 바로 그 경제가 과거 오렌지 과수원이었던 실리콘밸리에서 개발된 디지털 기술을 기반으로 오늘날 지식 노동과 중산층의 라이프스타일로 전환되고 있다.

　　우리는 이미 일어난 일에만 집중하는 경향이 있지만, 사전에 방지한 위기 또한 간과해서는 안 된다. 소련의 붕괴는 종말론적인 위험을 초래했다. 소련은 1989년까지 3만 9,000개의 핵탄두와 세계 최대의 상비군을 지휘했다.[6] 역사상 가장 큰 제국 가운데 하나의 갑작스러운 몰락을 관리하는 것은 매우 나쁜 결과를 초래할 수도 있었다. 한때 소련 정부는 펩시콜라를 수입하기 위해 그 대금으로 해군 전함 20척을 지불하기도 했다.[7] 그러나 서구 국가가 공들여서 만들고 육성한 제도는 견고했다.

　　좋든 나쁘든 주인공의 변화는 세계의 연결성을 증가시켰다. '세계화'라는 용어는 우리 시대의 불안을 담고 있지만, 동시에 현재의 우려를 넘어서 인간 생활의 심오한 변화를 의미한다. 인간의 지식이 이토록 널리 퍼진 적은 없었으며, 예술가에서 제조업체에 이르기까지 창작자들이 이처럼 광범위한 시장과 경쟁자를 맞닥뜨린 적도 없었다.

12

—

역사상 가장 풍요로운 시대

현대 문명은 한때 상상조차 할 수 없던 전례 없는 생산성의 토대 위에 있다. 서유럽의 재건과 제2차 세계대전 이후 미국이 전시 경제로 전환함에 따라 전 세계의 연간 경제 생산량은 10년도 채 되지 않아 2배로 늘어났다. 1960년에 이르러 전 세계 생산량은 19세기 초 대비 20배나 늘어났다.

진짜 기적은 전후 호황으로 비교적 쉽게 얻던 이득이 서서히 줄어들면서 일어났다. 1980년부터 2004년까지 세계 경제 생산량은 35조 달러에서 70조 달러로 다시 2배 증가했다. 불과 24년 만에 인류 전체 역사가 축적된 만큼의 경제적 잠재력이 가동된 것이다. 오늘날, 세계는 1950년 한 해 동안의 총생산량과 거의 같은 양을 한 달 안에 생산한다.

세계 GDP 성장률[1]

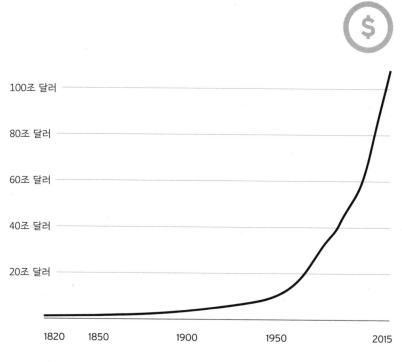

100조 달러	
80조 달러	
60조 달러	
40조 달러	
20조 달러	

1820 1850 1900 1950 2015

출처: 세계은행 & 매디슨Maddison(2017)

13

—

인류, 빈곤에서 해방되다

40년이 채 되지 않는 기간 동안, 수십억 명의 사람이 자신의 운명을 개척해 절대 빈곤에서 벗어났다. 절대 빈곤선은 하루에 1.9달러 이하의 소득으로 생활하는 것을 기준으로 한다.[1] 생활비가 매우 저렴한 나라에서조차 최저 수준의 생활을 할 수 있을 정도로 매우 적은 금액이다. 하지만 역사상 무엇과도 비교할 수 없는 변화가 일어났다.

빈곤 감소는 중국에서 특히 두드러졌다. 1990년에 7억 5,000만 명의 중국인이 세계 빈곤선 이하에 속했지만, 오늘날 그 수치는 1,000만 명을 밑돈다. 이들 대부분은 여전히 저소득층이지만 이들이 속해 있는 경제의 엔진은 쉬지 않고 돌아가고 있다. 2019년 기준, 11만 달러 이상의 재산을 가진 중국 가구는 1억 가구에 달했다.[2]

지금의 세계 질서에는 많은 결함이 있지만, 성취한 것들이 너무나 커서 우리는 때때로 그 결함을 제대로 보지 못한다.

세계 빈곤선 이하 가구에 거주하는 인구 비율[3]

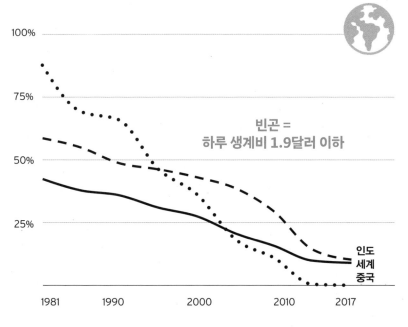

빈곤 =
하루 생계비 1.9달러 이하

인도
세계
중국

출처: 포브칼넷PovcalNet(세계은행)

14
—
기대수명이 늘어났다

전 세계 사람이 의료, 위생, 교육, 경제적 기회가 상당히 개선된 덕분에
전보다 더 오래 살고 있다. 유아 사망률은 1990년 이후 3분의 2로 줄었
고,[1] 질병과 전쟁으로 인한 사망자도 줄었다.[2] '더 많은 생명'은 바로 번
영과 성취를 측정하는 궁극적인 척도이다.

기대수명의 증가[3]

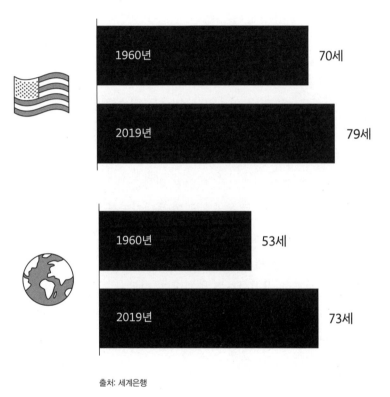

1960년   70세

2019년   79세

1960년   53세

2019년   73세

출처: 세계은행

15

—

민주주의가 경쟁력이 됐다

민주주의는 오랫동안 미국을 번영케 한 핵심 가치이자 세계 무대에서 미국이 앞서 나갈 수 있던 이유였다. 미국은 민주주의 덕분에 제2차 세계대전 이후 많은 것을 누릴 수 있었다. 민주주의는 1940년대부터 1970년대까지 꾸준히 확산되었지만, 전제주의에서 벗어나 진정한 변화를 맞이한 것은 1980년대였다. 이러한 변화는 냉전이 끝난 이후 경제적·정치적 지원의 축소로 독재 정권이 무너지면서 나타났다.

그 어떤 형태의 통치 제도도 민주주의만큼 사람들에게 권력을 부여하지 않는다. 민주주의는 법치주의와 정의, 자유를 기반으로 하며 혁신과 번영, 건전한 거버넌스를 촉진한다. 잘못된 정보와 정치적 분열에 맞서 싸우고 있는 지금, 민주주의를 유지하는 것은 미국뿐만 아니라 세계 무대에서 미국의 리더십을 기대하는 이들의 번영과 부를 위해서도 매우 중요하다.

독재 국가 대 민주주의 국가의 수[1]

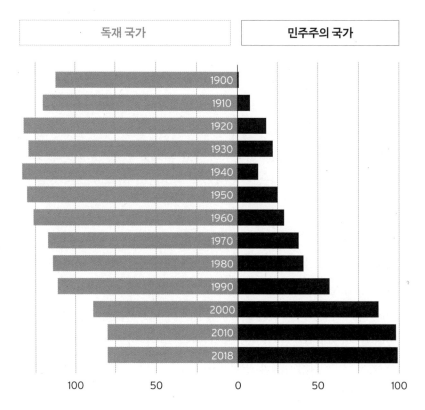

| 독재 국가 | 민주주의 국가 |

출처: 《민주주의 다양성 프로젝트Varieties of Democracy Project》(2019년, 9판)

16

—

이민자가 혁신을 주도한다

나는 오랫동안 이민자들이 한 일에 감탄해왔다. 나는 이민자인 홀어머니 밑에서 자랐고 어머니와 아버지 모두 맨몸으로 미국에 왔다는 사실을 겸손하게 자랑하고 싶다. 부모님의 용기와 열망, 즉 미국에 와서 더 나은 삶을 살아가겠다는 이기심이 없었다면 지금의 나는 없었을 것이다.

이민은 힘들고 위험하며, 보통 처음부터 무언가 잘못되었다는 것을 의미한다. 그러나 이주의 증가는 우리가 사는 세계가 더 연결되어 있고, 더 많은 사람이 기회와 성공에 접근할 수 있다는 것을 의미하기도 한다. 이민자들은 기술과 과학 발전, 비즈니스 혁신, 더욱 탄탄한 노동력에 이바지한다. 1990년에서 2005년 사이에 이민자들은 미국의 모든 벤처 기반 상장기업의 25퍼센트를 창업했다.[1] 2018년, 이민자들이 미국 '유니콘 기업(10억 달러 이상의 기업 가치를 지닌 민간 기업)'의 절반 이상을 창업 또는 공동 창업했으며,[2] 2020년에 사업을 시작하는 미국 이민자들의 비율은 미국에서 태어난 사람들이 사업을 시작하는 비율보다 거의 2배 이상 높다.[3]

이민자 증가율[4]

5년 기준(단위: 백만 명)

전 세계의 이민자 수   ━ 전 세계 인구 대비 이민자 비율

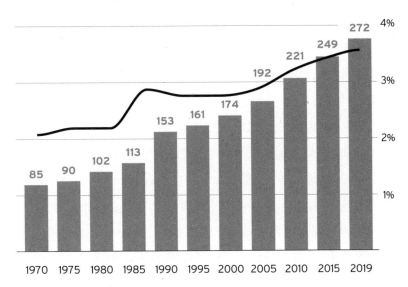

출처: 국제이주기구(IOM), 《세계이주보고서 2020World Migration Report 2020》

17

—

컨테이너로 쌓아 올린 소비지상주의

20세기를 엄청나게 변화시킨 혁신적인 디자인 중 하나로 선적 컨테이너를 꼽을 수 있다. 1950년대 중반 키스 탠틀링거Keith Tantlinger라는 엔지니어는 적재와 하역을 신속히 수행하기 위해 크레인으로 컨테이너를 서로 겹쳐 쌓는 방법을 개발했고, 이에 따라 선적 컨테이너라는 혁명적인 운송 방식이 가능해졌다. 탠틀링거가 디자인한 철제 컨테이너는 싸고 제작하기 쉬웠을 뿐만 아니라 표준화되어 있어 여러 국가와 선박 회사에서 원활하게 들여오고 내보낼 수가 있었다.

　이 철제 컨테이너를 쌓아 올린 덕분에 생긴 물건과 소비지상주의에 대한 우리의 집착은 사라지지 않고 있다. 1980년에서 2017년 사이 선적 컨테이너로 운반되는 화물은 1억 200만 톤에서 약 18억 3,000만 톤으로 증가했으며,[1] 현재 모든 화물의 80퍼센트가 해상으로 운반되는 것으로 추정된다.

해상 무역 컨테이너 선박의 용량[2]

적재 중량(단위: 백만 톤)

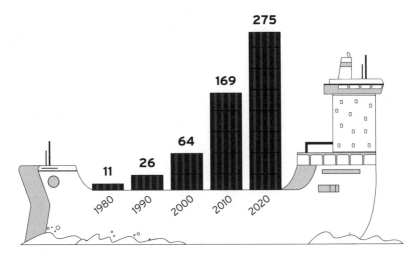

출처: 스타티스타Statista 통계 자료(원출처: 미국 해병대 함대사령부 정보보안책임자)

18

—

초연결 시대의 탄생

인터넷이 기회, 의사소통, 정보, 경제로 연결되는 다리 역할을 하는 이 세상에서 이 구명 밧줄에 접근할 수 있는 사람의 수가 2005년 이후 206퍼센트 증가한 것은 참 다행스러운 일이다. 한번 생각해보자. 사람들은 그 어느 때보다 더 많이 구글 검색 결과에 의존한다. 인터넷이 잘못된 정보, 대가를 요구하는 해킹, 인간성의 가장 어두운 온상이 될 수도 있지만, 동시에 오늘날 우리가 즐기는 대부분의 삶이 인터넷 없이는 불가능하다.

우리가 쇼핑하고, 식사하고, 데이트하고, 배우고, 일하고, 검색하고, 즐기는 방식이 온라인 연결 능력에 따라 완전히 바뀌었다. 좋든 나쁘든 말이다. 웹이 없었다면, 코로나19 팬데믹 동안 우리가 사랑했던 매장, 식당은 물론 사회와의 연결도 끊어졌을 것이다.

2020년에 거의 24만 달러 상당의 거래가 벤모Venmo* 에서 1분 만에 이루어졌고,¹ 왓츠앱Whats App에서는 1분에 4,160만 건의 메시지가 전송

---

* 미국의 핀테크 기업으로 개인 간 모바일 결제와 소셜 네트워크 기능이 통합된 모바일 서비스를 제공한다.

되었다. 1분이라는 시간 동안 넷플릭스에서는 40만 시간 이상의 미디어가 스트리밍되었고, 최소 2,700명이 틱톡을 설치했으며, 아마존에서 배송한 택배는 6,600개에 달하는 것으로 추정된다.

전 세계 인터넷 접근성[2]

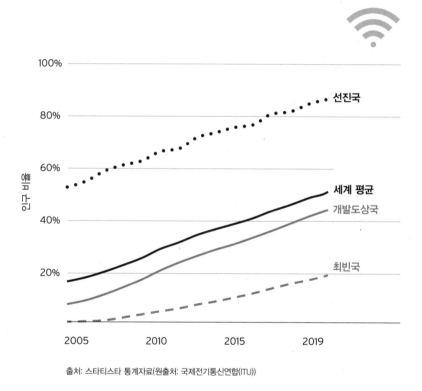

출처: 스타티스타 통계자료(원출처: 국제전기통신연합(ITU))

19

—

기술 발전이 가속화하다

다음 두 가지 '법칙'은 인터넷의 세계적인 이용으로 생긴 놀라운 변화를 설명하는 데 도움을 준다. 첫 번째는 인텔의 공동 창업자 고든 무어Gorden Moore의 이름을 딴 '무어의 법칙'이다. 1960년대에 무어는 마이크로칩에 집어넣을 수 있는 트랜지스터의 수가 예측할 수 있는 속도, 다시 말해 18개월마다 두 배로 증가한다는 점을 관찰했다. R&D와 기술에 수십억 달러를 투자한 덕분에 이런 개선 속도는 그 이후로도 계속 유지되고 있다.

두 번째 법칙은 인터넷 기반 프로토콜 가운데 하나인 이더넷을 발명한 밥 멧커프Bob Metcalfe의 이름을 따왔다. 멧커프는 네트워크의 가치는 사용자의 수가 아니라 사용자 간 연결성의 수에 비례한다고 가정했다. 네트워크의 참여자가 많아질수록 더더욱 좋아진다.

이러한 법칙은 온라인 세상에서 경험하는 것을 정량화하는 데 도움이 된다. 우리가 가진 여러 기기의 성능 그리고 그 기기와 연결된 네트워크의 가치가 모두 인터넷 초기 시절보다 수백만 배 더 좋아지고 커졌다. 그러나 이러한 흐름을 도표화하면 흥미로운 반전이 드러난다. 지난 30년간 멧커프의 법칙이 설명하는 인터넷의 가치는 마이크로칩

처리 능력이 향상된 것보다 더 빠르게 증가했다. 그러나 인터넷 보급 속도가 느려지면서 인터넷 가치의 증가 속도도 느려지고 있다. 한편, 무어의 법칙은 사람들의 온라인 참여 변화에 영향을 받아 증가하는 온라인 연결성보다는 기술 발전으로 추진력을 얻기 때문에 변곡점에 접근하고 있음을 알 수 있다.

무어 & 멧커프의 법칙[1]

기준 1990년 = 1(로그 스케일)

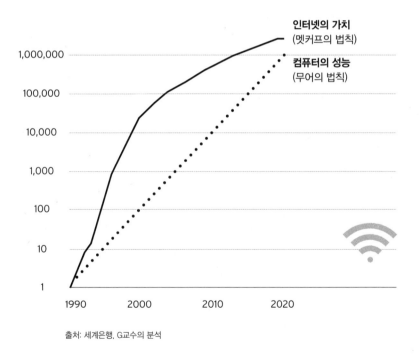

출처: 세계은행, G교수의 분석

20

미국의 기관들 = 천재 양성소

노벨상은 1901년 제정되어 물리학, 화학, 의학, 문학, 평화 분야에서 수여되고 있다. 이 상은 "수상 직전 연도 기준으로 인류에게 가장 큰 혜택을 준 사람"에게 수여된다. 노벨 과학상 및 경제학상의 거의 절반이 미국 기관과 관련된 권위자들에게 돌아갔는데, 이 사실은 이러한 기관의 강점을 잘 말해준다. 한 가지 더 말하자면, 지난 10년 동안 미국계 노벨상 수상자의 3분의 1 이상이 이민자였다.[1]

노벨상 수상자의 소속 기관[2]

물리학, 화학, 생리·의학, 경제학

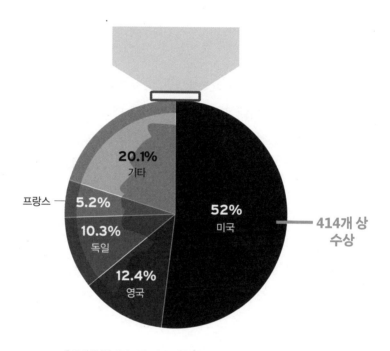

출처: 노벨재단 산하 노벨프라이즈아웃리치|Nobel Prize Outreach

21

—

세계 최대 공여국, 미국

전후 미국은 자국의 경제 회복에만 투자하지 않았다. 133억 달러 규모의 마셜플랜을 포함해 경제력이 약해진 동맹국과 몰락한 적국 모두에 수십억 달러를 지원했다. 그 전통은 지금도 계속되고 있다. 미국은 GDP 대비 가장 많은 원조를 하는 나라는 아니지만, 여전히 세계 최대 공여국이다.[1]

1980년 이후 미국은 양당의 합의로 약 1조 달러의 비군사적 원조를 확대했다. 레이건 대통령은 아프리카 기근에 대한 직접적 대응으로 10억 달러 이상 지원할 것을 지시했고,[2] 의회에 해외 원조 자금을 크게 확대할 것을 촉구했다. 조지 W. 부시 대통령은 아프리카의 HIV/에이즈·기근·부패 퇴치 프로그램을 위한 기금을 획기적으로 늘리겠다고 공약했다.[3] 오바마 대통령의 피드더퓨처 Feed the Future 프로그램은 세계 식량 안보에 투자했는데,[4] 이 프로그램은 2018년 트럼프 대통령 시절에 재승인되었다. 한편, 미국의 민간 재단은 전 세계 자선 관련 지출의 절반 이상을 부담하고 있다.

정부에 더 많은 사업가가 있어야 한다고 말하는 사람들이 있다. 나는 훌륭한 비즈니스 리더를 존경하지만, 정부는 비즈니스가 아니다. 비즈니스는 우리에게 항상 유리한 점을 찾고, 더 많은 대가를 얻는 것이 아니라면 아무것도 주지 말라고 가르친다. 이것은 보상 없이 연방에 기여하는 것을 목적으로 하는 정부 서비스와 상당히 대조된다.

미국의 대외 원조 누적 지출액[5]
비군사적 지출

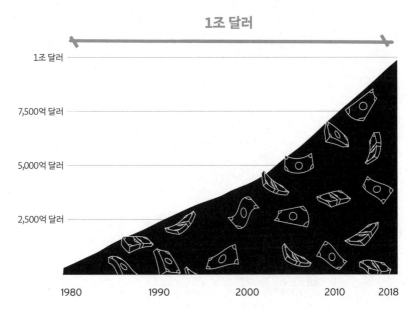

출처: 미국 국제개발처(USAID) 홈페이지(foreignassistance.gov)

CHAPTER 3

우상이 된 혁신가

우리는 기술을 믿고,
기술을 가장 잘 활용한 기업가들을 숭배한다.

레이건 혁명*은 개인을 찬양했다. "평범한 사람average Joe"은 효과적인 정치적 소품이었지만, 이 이야기에는 영웅적인 지도자가 필요했다. 그래서 경제 번영의 물결이 배를 거의 들어올릴 즈음, 사람들은 경제 성장의 공로를 노동자 대중이 아니라 그들을 지휘하는 뛰어나고 기회주의적이거나 그저 운이 따랐던 개인에게 돌렸다. 신앙인의 감소1와 초자연적 존재에 대한 의존 탓에 생겨난 공허함을 현대 사회의 구세주인 혁신가가 채워주었다.

개인주의는 미국의 역사에 내재해 있다. 미국인은 서부를 길들인 카우보이를 기념하고, 미국의 상업적 힘을 구축한 것처럼 보이는 발명가와 기업가를 존경한다. 혁신가에 대한 숭배는 기술 문화에 깊숙이 뿌리내리고 있다. 기술에 대한 믿음에는 성공은 개인이 성취한 결과물이자 근성과 천재성의 결실이라는 생각이 바탕에 깔려 있다.

이러한 믿음은 일하면서 아이를 키우던 홀어머니의 아들에서 개

---

* 레이건 행정부 하에서 일어난 미국의 정치·경제·사회의 극적인 변화 또는 레이건이 대통령으로 재직했던 시대를 의미한다.

인용 제트기 쇼핑까지 하게 된 나에 대한 성장 신화였다. 분명히 나는 자수성가했다. 하지만 나는 사실상 미국이 만들었다. 나는 전례 없는 번영의 시대와 장소에서 태어나 대부분 운이 좋긴 했지만 많은 혜택을 누렸다. 운과 재능의 결합은 바로 기술 문화의 고질적인 특징이다.

실리콘밸리에는 독특한 생태계가 있고, 그 생태계가 끌어들이는 인적 자본은 고무적이다. 잘 알려지지 않은 사실은 실리콘밸리의 기반이 정부 프로젝트였다는 점이다. 컴퓨터 칩, 인터넷, 마우스, 웹 브라우저, GPS 모두 세금의 도움으로 탄생했다.[2] 이러한 기술을 사적 이익으로 전환하는 데는 개인의 비전이 필요했지만, 많은 엔지니어와 임금 노동자들이 수백만 시간 작업한 결과이기도 하다. 이들 대부분은 우리의 가장 큰 정부 프로그램 중 하나인 공립학교의 산물이었다.

기술은 영웅도 성자도 아니지만, 우리는 기술의 능력에 현혹된 나머지 기술이 내포하고 있는 위험을 미처 알아차리지 못했다. 나는 2017년에 첫 책인 『플랫폼 제국의 미래』를 출간했다. 이 책은 기술과 인터넷 시대의 성과에 대한 애정에서 시작되었다. 하지만 그 모든 혁신의 배후에 있는 회사들과 사람들을 연구하면 할수록 나는 그들이 가진 힘과 영향력에 더욱 경각심을 갖게 되었다. 그 당시 새로운 신으로 떠오른 빅테크 기업이 우리 영혼의 상태에 관심이 없다거나 우리가 나이 들었을 때 우리를 돌보지 않을 수도 있다는 말을 듣고 싶어 하는 사람은 많지 않았다. 지금은 기술 집착에 대한 위험이 더 명확해졌다. 우리는 한때 희망과 공감을 불러일으킨 우주 비행사와 민권 지도자를 우상화했다. 이제는 수십억 달러를 창출하고 금융 시장을 움직이는 기술 혁신가들을 숭배한다. 마땅히 등장할 만한 영웅이다.

22
—
지역사회가 붕괴하고 있다

과거에 우리는 지역 공동체에 더 많이 참여했다. 1990년대에 대부분의 미국인은 어떤 형태로든 종교 행사에 참석하고 동네 모임에 참여했으며, 아이들은 스카우트 같은 프로그램에 등록했다. 하지만 지난 30년 동안 뭔가가 변했다. 이제 교회나 사원, 모스크에 가는 미국인은 전체 인구의 절반도 되지 않으며, 많은 사람이 더 이상 이웃들과 이야기하지 않는다. 지역사회에 대한 헌신은 줄어들고 있으며, 로터리클럽과 스카우트 회원 수는 매년 감소하고 있다.

이러한 공공 모임 가운데 일부가 온라인으로 이동했을 가능성이 있다. 그러나 페이스북은 다른 사람들과 함께 일하면서 형성하는 깊은 관계나 얼굴을 맞대고 나누는 대화를 대체할 수 없다. 상호작용에 관한 연구에 따르면, 현실 세계에서 다른 사람과 이루어지는 상호작용은 일반적으로 공감과 관용을 증가시킨다. 영국의 연구원들은 주거지 분리가 소수민족 거주자들에 대한 관용을 감소시키는 반면,[1] 주거지 통합은 집단 간의 관계를 개선한다는 점을 발견했다. 불가피한 질문을 해보겠다. 공동체에 관여하고 서로 통합하는 것을 멈춘다면 우리는 얼마나 관용을 잃게 될까?

미국의 지역사회 기반 활동 감소[2]

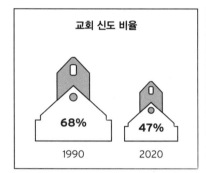

교회 신도 비율

68%
1990

47%
2020

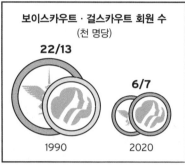

보이스카우트 · 걸스카우트 회원 수
(천 명당)

22/13
1990

6/7
2020

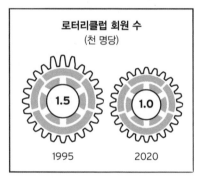

로터리클럽 회원 수
(천 명당)

1.5
1995

1.0
2020

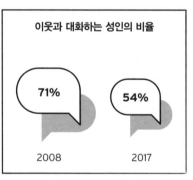

이웃과 대화하는 성인의 비율

71%
2008

54%
2017

출처: 갤럽, 카운티별 인구 조사, AP 뉴스, 바라부 뉴스 공화국Baraboo News Republic, 워드온더스트리트Word on the Street의 데이터 분석

23

—

10명 중 1명이 오염수를 마신다

2019년 앤드루 휠러Andrew Wheeler 환경보호청장은 미국 전체 식수의 92
퍼센트가 안전 기준을 충족했다고 떠벌렸다. 하지만 그 말에 담긴 진
실은 미국에 있는 물의 8퍼센트가 마시기에 안전하지 않다는 것이다.
미국인의 8퍼센트가 그 물을 마셨다면 2,600만 명의 사람이 위험에 처
했을 것이다.

이 숫자를 다른 관점에서 보기 위해 미국 성인의 97퍼센트가 휴
대전화를 가지고 있다는 사실을 생각해보자. 기술 기업들은 우리 주머
니에 슈퍼컴퓨터를 넣을 방법을 찾았지만, 미국 정부는 미국 전체 인
구에게 안전한 식수를 제공하지 못했다.

휴대전화를 소유한 미국 성인 대
환경보호청 기준을 충족하는 미국 내 식수 비율[1]
휴대전화 통계 2021년, 깨끗한 물 통계 2019년

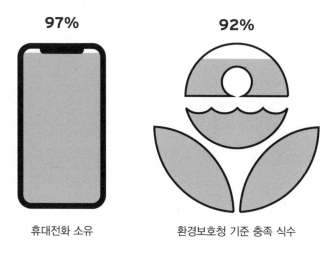

출처: 퓨리서치센터Pew Research Center, 환경보호청(EPA) 앤드루 휠러 청장 CBS 뉴스 인터뷰

24

—

기업이 R&D를 독점했다

R&D 지원금의 범위는 연구마다 차이가 크지만, 그 액수는 엄청나다. 1950년대와 1960년대에 연방정부는 신흥 디지털 기술에 투자해 이전 40년간 전례 없는 기술 붐의 토대를 구축했다.[1] 아이폰을 한번 생각해 보자. 아이폰의 모든 핵심 기술, 즉 칩에서 GPS 위성, 전 세계 네트워크에 이르기까지 모두 공공 부문 투자에서 나왔다.

GDP에서 연방정부 지원 R&D 비용이 차지하는 비율은 황금기에 1.9퍼센트로 최고점을 찍은 이후 꾸준히 감소해 2019년 0.7퍼센트에 이르렀다.[2] 민간 투자가 그 빈틈을 메워서 오늘날 GDP 대비 R&D 총 지출 비율은 1960년대보다 약간 높다. 그러나 미래를 민간 부문의 이익에 맡기는 것은 근시안적 태도다.

첫째, 민간 투자는 단기적인 시장 압력에 영향을 받고 분기별 수치를 작성해야 하므로 장기 연구를 수행한다거나 심도 있는 R&D가 필요한 미지의 영역을 탐구하기에는 제약이 너무 크다. 둘째, 민간 투자는 사적 소유를 의미한다. 따라서 정부는 민주적인 통제하에서 이 연구 성과를 충분히 활용할 수 없게 된다.

오늘날의 R&D 연구소는 인공지능, 유전자 조작, 바이러스 복제

부문까지 경계를 넓히고 있다. 당신은 이런 기술들을 우리가 뽑은 공직자가 관리하길 원하는가, 아니면 일론 머스크나 마크 저커버그가 독점하기를 원하는가?

미국의 자금 출처별 GDP 대비 R&D 비용 비율[3]

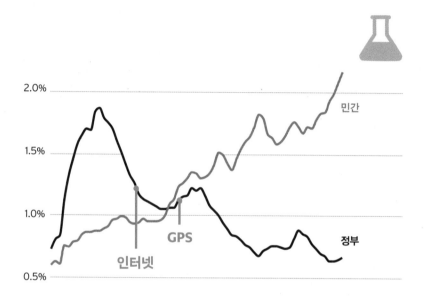

출처: 미국 국립과학재단(NSF)

25

—

고학력자만이 취업할 수 있다

그 어느 때보다 많은 직업이 대학 이상의 고등교육과 훈련을 요구한다. 동시에 대학에서 학위를 취득하는 것은 전보다 더 많은 비용이 들며[1] 까다로워졌다.[2] 이런 경향이 강화되면서 학위를 취득할 만큼 운이 좋은 사람들과 그렇지 않은 사람들 사이의 불평등이 심화되었다.

여성과 유색인종의 대학 입학률이 증가했으며, 1970년대와 비교할 때 대학에 다니는 사람 수는 크게 늘었지만[3] 대학 합격률은 현저히 낮아졌으며, 학비는 급등했다. 한편 저숙련 일자리는 외국 노동자들이 대체하고 있으며, 반복적인 작업은 컴퓨터가 수행한다. 업무는 갈수록 더 복잡해지며 고등교육을 요구한다.

이런 상황에서 우리는 어떻게 해야 할까? 나는 혼합형 교육 모델*을 채택해 미국 공립대학의 입학 정원을 대폭 늘리자는 의견을 지지한다. 또한 대학에 다니지 않는 청년들도 경제적 안정을 유지하는 주요 기술을 배울 수 있도록 더 많은 직업 훈련의 기회를 제공해야 한다.

---

* 기술 및 디지털 미디어를 활용한 온라인 교육과 교실에서 가르치는 오프라인 교육을 혼합한 교육 방식을 말한다.

일자리에 필요한 학력 요건[4]

- ■ 대학원 석사 이상
- ■ 대학교 졸업
- ■ 대학(2년제) 졸업
- ⊞ 대학 중퇴
- ▨ 고등학교 졸업
- □ 고등학교 졸업 미만

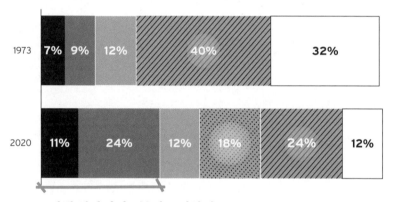

| 1973 | 7% | 9% | 12% | 40% | 32% |

| 2020 | 11% | 24% | 12% | 18% | 24% | 12% |

**전체 일자리의 3분의 1 이상이
대졸 혹은 석사 이상의 학력을 요구**

출처: 조지타운대학교 교육 · 노동력센터
비고: 소수점 첫째 자리에서 반올림.

26

—

혁신가를 숭배한다

1980년 애플이 기업공개를 신청했을 당시 S-1 서류(기업공개를 하기 전 증권거래위원회에 제출하는 서류 양식)에는 '스티브 잡스'라는 이름이 8번 등장했다. 마이크로소프트가 1986년 제출한 투자설명서에 '빌 게이츠'는 23번 등장했다. 당시 잡스와 게이츠 모두 이미 미래를 만들고 있는 비전 있는 창업가이자 리더였으며, 그들이 설립한 회사에서 지배적인 인물이었다.

그리고 여기 애덤 노이만Adam Neumann이 있다. 노이만의 회사 위워크가WeWork 2019년 상장을 신청했을 때 '애덤'은 투자설명서에 169번이나 등장했다.[1] 이러한 참고 자료 중 상당수는 투자자들로부터 가능한 한 많은 투자를 받아내기 위해 애덤이 이렇게 저렇게 만들어낸 복잡한 사적 금융 거래를 설명하는 자료였다. S-1 서류 제출 한 달여 만에 위워크의 신규 상장은 무산되었고 노이만은 해고되었다.

노이만의 예는 극단적이지만, 혁신가들을 숭배하는 현상은 최근 상장용 기업공개 서류 전체에 드러난다. S-1 서류에 핀테크 기업 어펌Affirm의 공동 창업자이자 CEO인 맥스 레브친Max Levchin의 이름은 131번, 로빈후드Robinhood의 공동 창업자이자 CEO인 블라디미르 테네프Vladimir

Tenev는 109번 등장한다.

　미국의 교육기관과 풍부한 벤처캐피털 자본은 성공을 가능하게 만들고 있다. 미국에서 백만장자가 되기는 그 어느 때보다 어려워졌지만, 요즘처럼 억만장자가 되기 쉬운 적도 없다.

S-1 서류에서 창업자가 언급된 횟수[2]

169
애덤 노이만
위워크, 2019

131
맥스 레브친
어펌, 2021

109
블라디미르 테네프
로빈후드, 2021

23
빌 게이츠
마이크로소프트, 1986

8
스티브 잡스
애플, 1980

출처: G교수의 S-1 파일 분석

27

—

창업자가 전례 없는 권력을 가졌다

아주 최근까지, 기업공개는 기업이 자비로운 독재 체제에서 소유권이 분산되고 의사 결정권이 선출된 기관인 이사회에 있는 공화국으로 전환하는 것을 의미했다. 하지만 기술 분야에서는 그렇지 않다. 대개는 창업자이자 선도적인 벤처 투자가인 회사 내부자가 자신을 고용하는 상장기업에 대해 전례 없는 통제력을 가지고 있다.

이 지배력 확보의 핵심은 차등의결권 지분 구조이다. 일반 회사의 주식 구조에서 주식 하나는 의결권 한 표를 의미하지만, 차등의결권 구조에서는 특정 주식이 다른 주식보다 더 많은 의결권을 가진다. 이러한 특정 주식은 회사 내부자에게만 할당되어 회사 운영에 대한 통제권을 부여하고 외부 주주의 압력으로부터 이들을 보호한다.

2019년 12월 트위터에 약간의 지분을 가지고 있던 나는 회사 이사회에 공개 서한을 보내 트위터가 혁신이 부족하며 주주 환원 의지가 약하다고 지적했다. 또한 트위터의 시간제 CEO 잭 도시Jack Dorsey의 교체를 요구했다. 몇 달 뒤 대형 행동주의 헤지펀드사인 엘리엇 매니지먼트Elliott Management에서 연락이 와 20억 달러짜리 서명을 통해 내가 보낸 서한에 동참하고 있으며, 트위터 이사회에서 3석을 확보했다고 말했다. 2년도 채 되지 않아 도시는 '사임'했다(품위 있게 해고당했다). 트위터에 두 종류의 주식이 있었다면 엘리엇은 주주에게 이익이 되는 이러한 변화를 만들 수 없었을 것이다. 이제는 기술 기업의 46퍼센트가 차등의결권 구조로 기업을 상장한다.

차등의결권 구조를 갖춘 기술 기업의 비율[1]

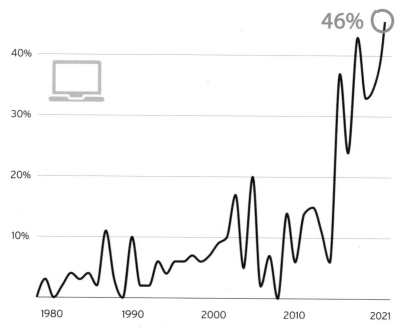

출처: 플로리다대학교 워링턴경영대학, 제이 R. 리터Jay R. Ritter

28
—
돈이 땀보다 고귀하다

현금을 소유하는 것과 달리 주식을 소유하는 것은 미국에서 부를 증식하는 가장 쉽고 확실한 방법 가운데 하나이다. 좋은 소식은 50조 달러 정도 규모인 미국 주식시장[1]의 약 절반을 미국 가계가 소유하고 있다[2]는 사실이다. 그러나 그 부는 극도로 불평등하게 분배되고 있다. 미국 주식의 89퍼센트는 가장 부유한 10퍼센트의 가계가 소유하고 있으며, 시간이 지나면서 그 비율이 점점 더 커지고 있다. 1990년에 상위 10퍼센트는 미국 전체 주식의 82퍼센트를 소유했다.[3]

미국에서 가장 부유한 계층은 어떻게 자신의 입지를 굳혔을까? 저소득층과 중산층에게 돌아갈 기회를 줄이면서 이미 부유한 사람들에게는 유리하게 작용하는 정책 때문에 가능했다.

세법을 한번 생각해보자. 어떤 회사의 주식을 팔아서 얻은 소득에는 그 사업체에서 실제 일하는 사람이 얻은 소득보다 낮은 세금이 부과된다. 가난한 사람에게서 부자에게 부가 이전되는 두 번째 방식은 다음과 같다. 주택 소유자는 두 채까지 집에 대한 주택담보대출 이자를 공제받을 수 있지만, 집이 없는 사람들은 공제가 전혀 되지 않는 임대료를 낸다. 우리는 돈이, 그리고 그 돈이 벌어들이는 돈이 땀보다 더 고귀하다고 기능적으로 결정했다.

　이러한 부의 이전은 미국 대중들에게 부자가 되는 방법으로 제시되지만, 실제로는 부를 유지하는 법을 설명하는 것이다. 그 메시지는 미국 주식의 89퍼센트를 소유한 10퍼센트 사람들이 당신에게 전하는 주장이다.

미국의 소득 수준별 주식 보유율[4]

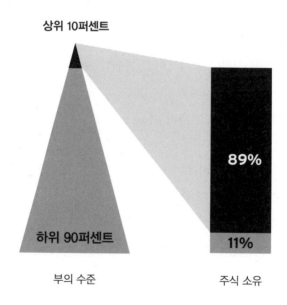

출처: 세인트루이스 연방은행

29

1조 클럽 진입이 빨라졌다

2018년 8월, 애플은 기업 가치 1조 달러를 돌파한 최초의 공개 기업이 되었다.[1] 당시 애플의 연간 매출액은 2,290억 달러였다. 2021년 10월, 테슬라는 여섯 째로 1조 달러에 도달했는데, 1조 달러에 도달한 각 회사는 이전 회사보다 더 적은 수익으로 그 기록을 달성했다.[2] 테슬라는 수익이 320억 달러였는데도 포콤마클럽four-comma Club*에 진입했다.

주식 가치는 보통 그 회사의 펀더멘탈fundamental과 기술력으로 평가했지만, 이제는 스토리텔링 그리고 CEO가 만들고 미디어가 전파하는 정보로 평가한다. 그 결과가 어땠냐고? 2021년에 AMC와 허츠Hertz 같은 사실상 파산한 회사의 주가가 1,000퍼센트 급등했으며, 테슬라, 루시드Lucid, 리비안Rivian이라는 세 전기차 회사의 시가총액은 자동차와 항공 산업을 전부 합한 것보다 더 컸다.

이 추세는 계속되고 있다. 2018년에 애플이 1조 달러 가치를 달성하기까지 42년이 걸렸고, 2조 달러를 달성하는 데 2년이 걸렸으며, 3조 달러를 기록하는 데는 17개월이 걸렸다.

---

* 1조를 숫자로 쓰면 1,000,000,000,000으로 콤마가 4개 들어간다.

기업가치 시가총액 1조 달러 도달 직전 연도의 매출[3]

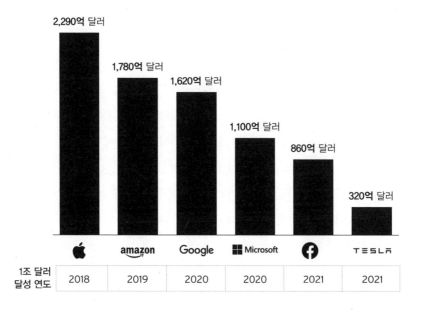

2,290억 달러

1,780억 달러

1,620억 달러

1,100억 달러

860억 달러

320억 달러

1조 달러 달성 연도	2018	2019	2020	2020	2021	2021

출처: 조지 마루다스George Maroudas의 트위터, G 교수의 분석

30

—

비전과 헛소리의 경계가 없다

기업의 사명선언문에 있는 헛소리의 수준과 실제 성과는 반비례한다.

좀 더 구체적으로 말하면, 기업들은 '요가배블yogababble'(기술 유니콘의 사명선언문에 나오는 무의미한 언어를 설명하기 위해 몇 년 전 내가 만든 용어)과 사랑에 빠졌다. 회사의 사명선언문은 잘해야 자사 제품의 목적과 가치를 명확하고 간결하게 설명한다. 최악의 경우 실제 제품과 수익 창출 수단을 완전히 모호하게 만들어서 사업의 광범위한 연관성을 엄청나게 과장한다. 사명선언문은 요가배블이다.

요가배블은 무생물이 살아 있는 특성을 갖기 시작한 브랜드 시대에 성장했다. 제품과 회사는 호감이 가고 젊고 멋지며 애국적인 대상으로 의인화할 수 있었다. 기업의 커뮤니케이션 책임자들은 회사 창업자의 카리스마와 비전을 확장하기 시작했다. 과도한 약속을 던지고 실행에 옮기지 않는 것이 값싼 자본에 접근하는 수단이 되었다. 일론 머스크는 2019년 4월 "지금부터 1년 후에는 완전 자율주행 기능을 갖춘 자동차가 100만 대를 넘을 것이다"라고 말했지만, 2022년 초까지 그런 자동차는 한 대도 없었다. 매력, 비전, 헛소리, 가짜의 경계가 거의 사라졌다. 요가배블은 이러한 나쁜 속임수가 통하게끔 만들어주는 연막이다.

요가배블[2]

총 10단계

zoom

"끊어지지 않는 비디오 커뮤니케이션"

헛소리 등급: 1단계

Spotify®

"창의적인 예술가 100만 명에게 자신의 예술로 살아갈 기회를 제공하고, 수십억 명의 팬들에게는 이러한 창작자들의 예술을 즐기며 영감을 얻을 기회를 제공함으로써 인간이 지닌 창의성의 잠재력을 연다."

헛소리 등급: 5단계

PELOTON®

"가장 기본적인 수준에서, 펠로톤은 행복을 판매한다."

헛소리 등급: 9단계

RIVIAN

"우리가 사는 행성이 계속해서 생명을 유지하고 미래 세대를 매혹하려면, 우리는 변해야 한다. 바로 여기에 리비안의 잠재력이 있다."

헛소리 등급: 10단계

출처: G 교수의 분석

31

—

기술 기업이 정부를 지배한다

지난 20년 동안 미국 기술 기업의 로비 비용은 11배 이상 급증했다. 기술 기업은 2000년 한 해에만 로비 비용으로 700만 달러를 사용했다. 20년 후에는 8,000만 달러를 지출했는데 이 금액은 은행 업계(6,200만 달러)는 말할 것도 없고, 석유나 가스에 지출하는 정부 예산(1억 1,300만 달러)에 근접하는 수치다. 페이스북은 2020년 로비 활동에 2,000만 달러를 지출했고[1], 아마존이 1,900만 달러로 페이스북을 바짝 추격하고 있다. 구글의 모회사인 알파벳Alphabet Inc.은 800만 달러를 지출했다.

이 금액은 공식적으로 드러난 로비 예산에 불과하다. 아마존의 창립자인 제프 베이조스는 《워싱턴포스트》를 소유하고 있으며(아주 편리하게도 미국 수도인 워싱턴D.C.에서 가장 큰 미디어 회사이다), 놀랍게도 수도의 강 건너편에 아마존의 두 번째 본사(HQ2)를 짓고 있다. 우버Uber, 리프트Lyft 및 이 회사와 성격이 비슷한 긱이코노미* 회사들은 캘

---

* '임시로 하는 일'이라는 뜻의 긱Gig과 이코노미Economy의 합성어로, 필요에 따라 단기 계약을 맺고 자유롭게 일하는 경제 형태를 의미한다.

리포니아에서 주민 발의안 22˚를 홍보하는 데 2억 달러 이상을 지출했다.[2] 이 발의안이 통과되면 운송 및 배달 앱 회사들이 운전자에게 의료보험 및 기타 복리후생을 제공해야 하는 의무에서 벗어날 수 있다.

미국 기술 산업 분야의 로비 지출액[3]

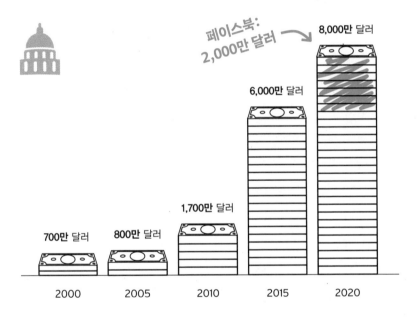

출처: 오픈시크리츠OpenSecrets

˚ 긱 노동자들을 독립 계약자로 분류하자는 발의안으로, 플랫폼 노동자의 직접 고용을 의무화한 캘리포니아주 AB-5 법과 상충된다.

32

—

베이조스 뉴스가 기후 위기를 이겼다

미국의 아침 텔레비전 프로그램들은 2020년 내내 기후 위기에 대해 논의했던 것만큼 2021년 7월 한 달 동안 우주로 날아가는 억만장자 이야기하는 데 시간을 할애했다. 이것은 우리 미디어의 슬픈 현실, 즉 가장 진실하거나 시급한 이야기에 주목하는 것이 아니라 우리를 즐겁게 하거나 화나게 하는 이야기에 더 관심을 둔다는 점을 보여준다. 사실, 그 비행은 제프 베이조스의 무모한 행동과 중년의 위기를 보여주는 것에 지나지 않았다. 베이조스는 카르마선*보다 6킬로미터 더 위로 도달해 3분 동안 무중력 상태를 즐겼을 뿐이다.[1] 반면 기후 변화에 대한 진실은 대기 중 이산화탄소 농도가 증가해 지구 표면 온도가 상승하고 있으며, 매년 2,790억 톤의 남극 얼음이 녹고 있다는 것이다.[2]

기후 변화가 우리 삶의 질과 해수면 아래에 사는 수백만 명의 실제 삶을 위협하고 있음에도 우리는 한 억만장자가 우주로 자신을 발사한 것에 주목하고 있다. 적어도 베이조스는 "아마존 프라임 가입자들 덕분이다"라고 말했다. 이것이 기술 혁신가에 대한 총체적인 우상화를

---

* 고도 100킬로미터 상공인 지구 대기권과 우주의 경계.

보여주는 게 아니라면, 나도 이게 뭔지 모르겠다.

미국 아침 텔레비전 쇼 방송 시간[3]

베이조스 VS 기후 위기

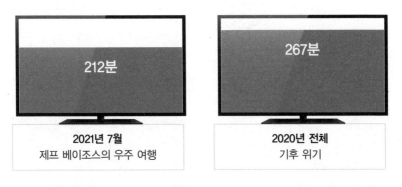

2021년 7월	**2020년 전체**
제프 베이조스의 우주 여행	기후 위기

 +  +

출처: 미디어매터스포아메리카(MMFA)

CHAPTER 4

헝거 게임

불평등은 시장 자본주의의 숙명이지만
부가 고착되고 그 흐름이 억제된다면
그것은 자본주의가 아닌 족벌주의다.

지난 40년간 경제 성장은 막대한 부를 창출했다. 그러나 부를 창출한 구조적·문화적 변화가 그 부의 배분도 결정했다. 우리는 주주에게 돌아가는 보상을 성공의 유일한 척도로 삼았으며, 그 결과 주주들이 가장 큰 성공을 거뒀다. 우리는 기업을 이끄는 개인의(거의 항상 그의) 천재성을 칭송했고 그래서 기업 성과에 따른 가장 큰 보상을 그 개인이 차지했다. 우리는 기술의 힘에 환호했고, 그 결과 기술이 가장 큰 권력을 얻었다.

2022년 기준, 세계 최고 부자 10명 가운데 8명은 미국 기술 기업의 현직 또는 전직 CEO이며,[1] 그들의 재산은 대부분 그 회사의 지분으로 이루어져 있다. 《타임》이 선정한 올해의 인물 일론 머스크는 그중 가장 부자다.[2] 1990년과 2021년 사이 상위 1퍼센트의 가구가 국가 부에서 차지하는 비중은 24퍼센트에서 32퍼센트로 증가했다.[3]

엘리트들이 사는 호화로운 저택 밖에서는 이 번영의 시대가 사뭇 다르게 느껴진다. 지난 50년 동안 중산층과 저소득층 가구의 소득 증가는 부진했다. 소득 하위 5분위 가구의 평균소득은 1975년 이후 14퍼센트 증가했는데,[4] 이는 상위 5분위 가구 소득이 109퍼센트 증가한 사실과 대조적이다. 어떤 분야에서는 같은 돈으로 전보다 더 많은 상품을 구매할 수 있다. 넷플릭스 서비스는 한 달에 10달러만 내면 연간 170억 달러의 콘텐츠에 접근할 수 있으며,[5] 요즘처럼 다양한 종류의 운동화가 판매된 적도 없었다. 그러나 수입은 정체된 가운데 의료, 교육, 주택에 대한 지출 비중이 점점 커지고 있다는 점에서 이러한 사실은 달갑지 않은 위로에 불과하다. 미국인들의 학자금 대출은 1조 7,000억 달러에 달한다.[6]

상황을 점점 더 끔찍하게 만드는 것은 이러한 혜택이 굳어지고 있다는 것이다. 엘리트들은 그들이 지지한다고 주장하는 바로 그 시장의 위험으로부터 불어나는 자산을 보호하기 위해 열심히 일한다. 구제금융, 세금 감면, 보조금은 고착화를 위한 수단이다. 자본주의는 연줄이 지배하는 사회가 되어버렸다. 올라가는 길에는 견고한 개인주의가 있지만, 내려가는 길에는 사회주의가 있다.

그 결과는 어떤가? 아메리칸드림은 열심히 일해서 부모님 세대보다 더 나은 삶을 사는 것이었다. 하지만 요즘 청년들은 그들 부모가 같은 나이였을 때만큼 잘살지 못한다. 새로운 아메리칸드림은 부자로 태어나는 것이다.

성적이 좋은 가난한 유치원생들은 성적이 좋지 않지만 부유한 또래들보다 고등학교, 대학교를 졸업하거나 높은 임금을 받을 가능성이 작다.[7] 연 소득 10만 달러 이상 가정의 자녀 중 61퍼센트가 4년제 대학에 다니는 반면, 3만 달러 미만 가정의 자녀가 4년제 대학에 다니는 비율은 39퍼센트에 불과하다.[8] 아이비리그 대학 5개를 포함한 38개 대학의 경우, 미국 소득 기준 상위 1퍼센트에 속하는 가정의 학생이 하위

60퍼센트에 속하는 가정의 학생보다 더 많다.[9]

건강한 자본주의 경제에서 부는 항상 위험에 처해 있다. 경쟁은 혁신을 촉진하고, 기존 질서를 교란하며, 승자는 물론 패자도 만든다. 경제학자 조지프 슘페터는 이것을 "창조적 파괴의 돌풍gale of creative destruction"이라고 불렀다. 그러나 오늘날 미국에서는 전에 발생한 폭풍으로 혜택을 받은 사람들이 그 돌풍을 억제하며 창의성과 경쟁을 억누르고 있다.

33

기업의 이익만을 수호한다

기업의 이익은 직원들에게 돌아가는 보상과 연동되곤 했다.[1] 회사가 호황을 누리면 임원과 직원 모두 급여가 인상되었고 불황일 때는 모두 타격을 입었다. 그러나 닷컴 붐을 전후로 기업 이익과 직원 급여는 점점 괴리되었다. 구체적으로 말하면 기업의 이익이 더 빨리 상승하기 시작했다. 2001년 거품이 꺼졌을 때 기업의 수익은 감소했지만 이후 다시 빠른 속도로 증가했다. 이제 뚜렷하게 구분되는 2개의 선이 생겼다. 기업이익은 계속 치솟는 한편, 직원들의 급여는 완만하게 상승한다. 1960년 이래로 기업의 이익은 85배 증가했지만 직원 급여는 38배 증가에 그쳤다.

미국은 기존 주주를 효과적으로 보호하고 보상하는 동시에 미래의 혁신가를 위한 기회를 줄이고 있다. 기존 주주를 '보호'하기 위해 그들이 혼란에 면역이 되도록 만들고 있다. 2000년 이후 미국 항공사들은 66차례 파산을 선언했다.[2] 6대 대형 항공사 이사회와 CEO들은 잉여현금흐름의 96퍼센트를 자사주 매입에 사용해서 주가를 올렸고, 그 덕분에 경영진의 급여도 올라갔다. 그러던 중 코로나로 인해 항공여행이 타격을 받자 연방정부는 미국 납세자들이 낸 500억 달러를 긴

급 구제 자금으로 항공 업계에 건넸다.[3]

CEO가 2020년에 1,300만 달러의 급여를 챙긴 델타항공[4] 같은 회사에 500억 달러의 긴급 구제 자금을 제공할 것인가, 아니면 저소득층 노인을 위한 의료 서비스, 재향군인을 위한 의료 서비스, 소외된 고등학생을 위한 직업 프로그램을 지원할 것인가? 미국은 선택을 해왔다.

미국 기업의 세후 이익 및 직원 급여[5]

1960년 기준으로 지수화

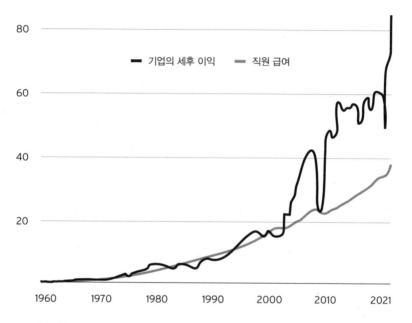

출처: 세인트루이스 연방준비은행

34

—

CEO가 평균 임금의 350배를 번다

일반적으로 회사에서 CEO가 가장 높은 임금을 받는 것은 말이 되지만, CEO와 노동자의 평균 임금 격차가 점점 커지는 것은 이치에 맞지 않는다. 1965년, 매출액 기준 미국 상위 350개 기업의 대표는 해당 업계 노동자의 평균 급여보다 21배나 많은 돈을 벌었다. 2020년 CEO 대 노동자의 임금 비율은 351:1로, CEO 임금은 1965년 이후 1,670퍼센트나 증가했다.

　CEO의 임금을 계산하는 법은 주식 기반 보상으로 인해 상당히 복잡하다. 높은 보수를 옹호하는 사람들은 주식 기반 보상 제도하에서 주식이 많은 사람이 높은 성과를 냈기 때문에 높은 급여를 받는 것이라고 주장한다. 하지만 진짜 그럴까? 왜 지속적인 강세장이 직원이 아닌 CEO 임금의 대규모 인상으로 이어져야 할까? 주주가치라는 교회에서는 주가 상승이 유일한 신이기 때문이다.

CEO 대 노동자 임금 비율[1]

매출액 기준 상위 350개 미국 기업 기준

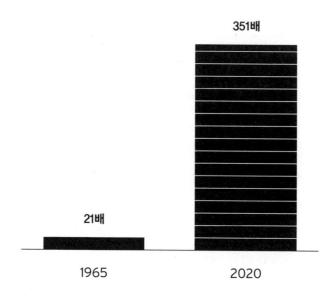

351배

21배

1965

2020

출처: 미국 경제정책연구소

35

기울어진 운동장에서 디스토피아로

1990년에 미국의 상위 1퍼센트 부유층은 자신에게 주어진 정당한 몫보다 더 많은 것을 통제했다. 편파적인 부의 분배는 31년 뒤 디스토피아를 탄생시켰다. 2021년에는 미국인의 50퍼센트가 국가 전체 부의 2퍼센트만 소유했으며,[1] 가장 부유한 1퍼센트가 거의 3분의 1을 소유했다.[2] 부의 불평등도 전 세계적으로 악화되었다. 부자들이 소득 하위 50퍼센트의 부를 차지하며 더 부자가 되었다. 2019년 말에는 성인 인구의 상위 1퍼센트가 전 세계 순자산의 44퍼센트를 차지했다.[3]

미국의 비결은 자유 시장 정책과 반경쟁 규제 사이의 균형이었다. 그러나 규제가 악화되고, 사람들이 선호하는 빅테크 기업의 CEO들이 거물이 되면서 미국은 그 입장을 완화하였고 중산층은 피폐해졌다.

사회가 극도로 불평등해지면 불만을 품은 다수가 폭동을 일으키기 마련이다. 우리가 선택한 그 길을 계속 간다면 미국에서도 이런 일이 생길까 걱정된다. 사실, 이미 이런 일이 발생했다. 2021년 1월 6일 사태는 사회와 단절되고 도둑맞았다는 감정과 관련이 깊다.*

---

* 2020년 미국 대통령 선거의 부정선거 음모론을 주장하는 트럼프 지지자들이 연방의회가 조 바이든을 차기 대통령으로 인준하는 것을 막기 위해, 미국 국회의사당을 무력으로 점거한 사건이다.

미국의 순자산 분포[4]

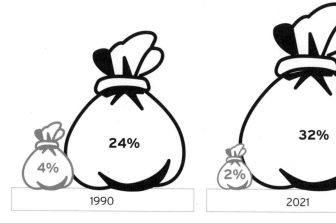

■ 하위 50퍼센트   ■ 상위 1퍼센트

4%   24%

1990

2%   32%

2021

출처: 세인트루이스 연방준비은행.

36

—

코로나19가 빅테크를 키웠다

메타Meta(페이스북), 아마존, 애플, 넷플릭스, 알파벳(구글), 마이크로소프트 6개 기업이 S&P 500 지수의 20퍼센트 이상을 차지할 정도로 자본은 기술 분야에 매우 집중되어 있다.

지난 10년 동안 광고주들은 디지털 광고를 향해 몰려들었고, 업계 최고 포식자인 구글과 페이스북이 광고비 3달러 중 2달러를 가져갔다.[1] 소비자들이 광고주들의 뒤를 따랐고 이제 아마존은 전자상거래에서 벌어들이는 3달러 중 1달러를 가져간다. 넷플릭스는 연간 170억 달러를 콘텐츠에 지출하는데, 이는 드라마 〈왕좌의 게임〉 에피소드 1,133편을 충분히 만들 수 있는 금액이다.[2] 엄청나게 많은 용을 만들 수 있다.

이 기업들은 코로나19 이전부터 힘을 축적하고 있었지만, 팬데믹이 기업 성장에 촉진제 역할을 했다. 갑자기 물리적인 만남이 위험해지자 생필품 주문이나 일, 친목, 오락 등에서 사회적 거리를 두는 방식에 빅테크 기업이 개입하기 시작했다. 그리고 코로나19가 전염병에서 풍토병으로 발전함에 따라, 검색 회사와 소셜 미디어 회사가 시작한 이 인수 작업은 곧 마무리될 것이다.

S&P 500에서 FAANMG 기업의 시가총액 점유율[3]

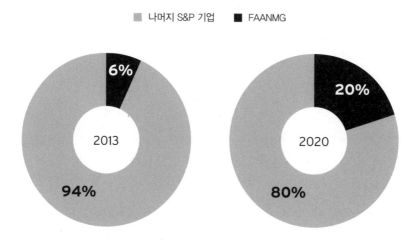

출처: 야데니리서치|Yadeni Research
비고: FAANMG는 페이스북, 애플, 아마존, 넷플릭스, 마이크로소프트, 구글.

37

—

최저 임금은 수십 년 뒤처졌다

1950년 미국의 최저 임금은 시간당 0.75달러였으며[1] 2021년에는 8.51 달러가 되었다. 하지만 요즘 법정 최저 임금은 시간당 7.25달러에 불과하다. 노동자들의 생산성이 70년 전보다 훨씬 향상되었음에도 사실상 최저 임금은 삭감되었다. 최저 임금이 노동자 생산성과 비슷하게 올랐다면 2021년 시간당 최저 임금은 22.18달러가 되었을 것이다.

현재 물가에 맞춰 이해하기 쉽게 설명하자면, 인플레이션을 감안해 조정한 1950년 주택 중위값median cost은 8만 7,524달러[2]인데 비해, 오늘날 주택 중위값은 40만 달러가 넘는다. 현재 시장에서 노동자들은 1950년대와 비교했을 때 시간당 1.26달러 더 적은 돈으로 생활해야 한다.

말이 안 되는 상황이다. 2021년 기준, 전국 거의 모든 도시 및 농촌 지역에서 자녀가 없는 성인 한 명이 정규직으로 일하면서 주거비와 기타 기본 생활비를 충당하려면 시간당 15달러 이상을 벌어야 한다.[3] 2025년까지 최저 임금을 15달러로 인상하면 전체 노동력의 21퍼센트인 노동자 3,200만 명의 근로소득이 증가하며,[4] 어린이 130만여 명을 포함해 최대 370만 명이 빈곤에서 벗어날 수 있다.[5]

오늘날 미국은 민주적이라기보다는 봉건적이다. 제프 베이조스

한 사람에게 미국에서 노숙자를 없애고(200억 달러[6]), 전 세계의 말라리아를 근절하며(900억 달러[7]), 70만 명의 교사에게 월급을 줄 수 있는 엄청난 자본이 있다. 베이조스는 10초마다 아마존 직원의 평균 연봉만큼을 번다.[8] 미국은 천재들에게 보상을 해주는 나라다. 하지만 도움이 필요한 사람들에게 친절과 관대함을 보여주는 나라이기도 했다.

미국 최저 임금 및 최저 임금 예측치[9]

총 경제생산성과 동반 상승했을 때를 가정

출처: 미국 경제정책연구소
비고: 2021년 달러 기준.

38
—
우리의 우선순위는 무엇인가

1993년에서 2020년 사이 교육비는 치솟았고 식료품, 주택, 의료 비용도 아주 많이 증가했다. 오르지 않은 것은 무엇일까? 바로 실질 소득이다. 물론, 오늘 당신이 구입하는 500달러짜리 텔레비전은 1995년에 살 수 있던 그 어떤 텔레비전과 비교할 수 없을 정도로 더 좋으며, 아무리 저렴한 스마트폰이라도 1995년도에 나온 휴대전화와 비교되지 않을 정도로 좋다.

옷이 더 싸지고 텔레비전의 품질이 훨씬 좋아진 것이 나쁜 일은 아니다. 그러나 이러한 발전은 미국의 평균적인 가정이 생계를 유지하기가 전보다 훨씬 더 어려워졌으며, 소득 사다리를 올라가는 데 필요한 교육을 자녀에게 제공하기가 훨씬 더 어려워졌다는 사실을 직시하기 어렵게 만든다.

항목별로 살펴본 미국 도시 생활자의
소비자물가지수 대비 실질 중위소득[1]

1993년 기준으로 지수화

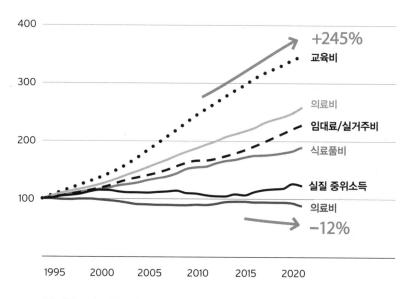

출처: 세인트루이스 연방준비은행

39

실물경제와 금융경제가 단절됐다

미국의 메인스트리트와 월스트리트 또는 실물경제와 금융경제 사이가 이렇게까지 단절된 적은 없었다. 1980년 이전까지 미국의 총금융자산은 국가 GDP의 2배를 초과한 적이 없었다.[1] 이 비율은 그 후로 계속 상승해 팬데믹이 시작될 때 5.9:1까지 올라가 최고점을 찍었다.[2] 전례 없이 돈을 찍어내고, 모기지 담보증권과 같은 새로운 금융상품을 계속 만들어내는 월스트리트의 능력과 대량 금융 살상 무기 같은 다양한 요인으로 금융화가 확대되었다. 이는 세계적인 현상이기도 하다. GDP가 가장 높은 10개 나라가 보유한 금융자산의 총가치는 2000년 290조 달러에서 2020년 1,020조 달러로 급증했다. 1,000조 달러가 넘는다니, 5분 전까지만 해도 존재하는지도 몰랐던 숫자다. 같은 기간 동안 실물자산의 가치는 160조 달러에서 520조 달러로 증가했다.

금융화의 혜택을 받는 사람은 많지 않은데, 주로 자산가와 금융업계 종사자가 혜택을 받는다. 더 중요한 점은 금융화가 현실 세계를 희생시키는 가운데 시장의 중요성을 계속 높이고 있다는 사실이다. 이는 미국의 코로나19 대응 정책이 왜 사람을 구하는 것이 아니라 기업을 구제하는 것이었는지를 설명해준다.

미국의 GDP 대비 금융자산[3]

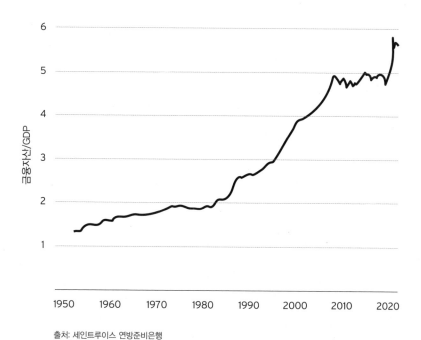

출처: 세인트루이스 연방준비은행

40
—
부는 청년에게서 노인으로 흐른다

젊은 세대로부터 노년층으로 부의 재분배를 옹호하는 정책들로 인해 새로운 세대는 경제적 안정을 확보하기가 점점 더 어려워졌다. 지난 수십 년 동안 변해온 가구 중위소득 대 주택 중위가격의 비율에서 이를 확인할 수 있다. 1960년부터 1990년까지는 주택의 중위가격이 가계 소득의 약 2.3년 치와 비슷한 수준이었다. 그러나 2020년 무렵 이 비율은 거의 2배로 뛰어 주택 가격은 연 소득의 4배가 넘었다.

집을 소유한다는 것은 아메리칸드림에서 매우 중요한 가치 중 하나다. 집을 소유하면 신용을 쌓고, 주거비를 줄일 수 있으며, 젊은 가족은 자부심과 소속감, 성취감을 느낄 수 있다. 미국의 주택 보유율은 대공황 이전에 약 70퍼센트로 정점을 찍었다.[1] 집값이 이전 시대보다 저렴했고 미국인들은 그 이점을 잘 활용했다. 대공황 이후 주택 가격은 급등했다. 나이가 많은 미국인들은 세금 공제가 가능한 주택담보대출 이자 혜택을 받지만, 젊은 세대와 부유하지 않은 사람들은 세금이 공제되지 않는 월세를 내야 한다. 미국은 청년 세대에서 노인 세대로 부를 효과적으로 이전했다.

미국의 연간 가계 소득 대비 주택 가격[2]

중위가격 기준

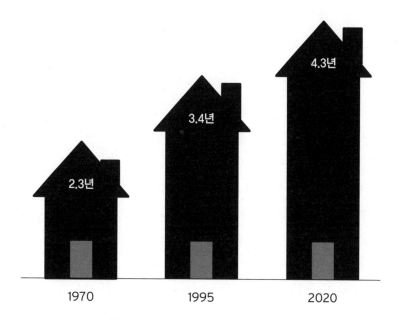

출처: 세인트루이스 연방준비은행 자료를 G 교수에서 분석

41

학자금 폭등, 중산층을 공격하다

미국 중산층이 번영하지 못하도록 가장 큰 공격을 퍼부은 것은 아마 고등교육 분야에서 40년간 지속된 무자비한 인플레이션일 것이다. 1980년에서 2019년 사이 대학 등록금은 169퍼센트 증가한 반면 젊은 노동자의 소득은 19퍼센트 증가에 그쳤다.[1]

젊은 사람들이 대학에 가지 말아야 한다는 의미가 아니다. 사실 요즘은 그 어느 때보다 대학 졸업장이 필요하다. 1970년대에는 4개 중 1개 직업만이 학위를 요구했지만, 오늘날에는 3개 중 2개 직업에서 고등교육과 훈련을 요구한다.[2] 결론은 대학 학위는 점점 더 중요해지고 비용이 많이 드는 반면 수익률은 더 나빠졌다는 사실이다.

1.7조 달러에 달하는 미국인들의 총학자금 대출 부채는 신용카드 부채보다 더 크다.[3] 그리고 이는 제대로 작동하지 않는 401K, 두 번째 담보 대출, 미국의 산업이 저소득 및 중산층 가정에 부과한 일반적인 재정적 압박은 간주하지 않았다.

미국의 대학 등록금 대비 청년층 근로소득[4]

2019년 달러 고정 가격

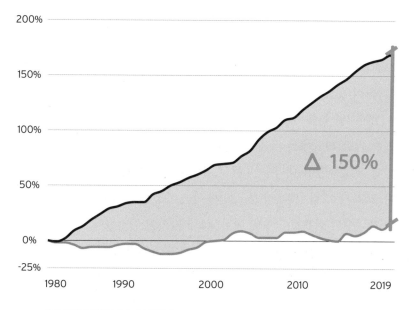

━━ 평균 대학 등록금 ━━ 평균 소득(22~27세)

Δ 150%

출처: 조지타운대학교 교육 · 노동력센터

42
—
교육 격차를 좁힐 수 없다

학생들이 1년 이상의 원격 학습을 한 뒤 2021년 가을 마침내 학교로 돌아왔다. 교사들은 아이들의 학습 능력이 전반적으로 뒤처져 있다는 사실을 발견했다. 학생들은 코로나가 없었을 때와 비교해 학습 진도가 5개월이나 느렸다.

이러한 학습 지연은 흑인이나 히스패닉 학생이 많고 저소득층 가정이 많은 학교에서 더 두드러지게 나타났다. 이런 학교 학생들은 백인과 고소득층이 대다수인 학교 학생들보다 무려 9개월이나 뒤처졌다. 2021년 12월 《매켄지 보고서》에서는 흑인이 대다수인 학교가 백인이 대다수인 학교보다 학습 진도가 1년 가까이 뒤처졌다고 평가했다.

코로나19 팬데믹으로 인한 학교 폐쇄는 어린아이들에게 특히 광범위한 영향을 미칠 것으로 보인다. 초등학교 3학년 때까지 능숙하게 읽는 법을 배우지 못한 학생들은 학업을 따라가는 데 어려움을 겪으며, 고등학교를 졸업할 확률이 4배나 낮아진다. 이는 학생 수백만 명의 평생에 걸친 성취와 심지어 미국의 경제적, 과학적, 창의적 성취에도 영향을 미친다.

팬데믹으로 인한 학습 지연 정도(읽기 및 수학)[1]

미국 초등학교 1~6학년, 2020~2021년 가을,

과거 학생 대비 뒤처진 개월 수

> 5개월 지연

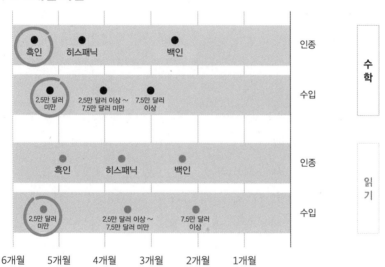

출처: 《매켄지 보고서》에서 확인한 커리큘럼 어소시에이트Curriculum Associates의 I-Ready 평가 자료

43
—
참을 수 없는 과잉 의료 행정

미국의 1인당 의료비는 세계에서 가장 높은 수준이지만, 기대 수명은 대부분의 다른 선진국보다 낮다. 미국의 기대 수명은 호주, 이스라엘, 네덜란드, 포르투갈, 스위스, 영국보다 낮으며, 이 국가들의 의료비 또한 미국보다 저렴하다.

심지어 미국의 의료 서비스는 느리고 비효율적이며, 비용이 많이 들고 중단될 가능성도 크다. 미국의 의료 산업은 전 세계 의료 지출의 45퍼센트를 차지한다. GDP의 거의 18퍼센트를 의료에 사용하고 있는데, 이는 다른 어떤 나라보다 크다.[1] 하지만 결과는 더 나쁘다. 환자의 64퍼센트가 의료 비용 부담 때문에 진료를 피하거나 미룬 적이 있다고 말한다.[2] 상위 100개 병원이 평균적으로 실제 서비스 비용의 7배를 환자에게 청구한다[3]는 사실은 이제 놀랍지도 않다.

이렇게 지나치게 비싼 비용과 좋지 않은 결과가 복합적으로 나타나게 된 이유는 뭘까? 한 가지 이유로 과잉 행정을 꼽을 수 있다. 미국은 사우디아라비아의 GDP[4]보다 더 큰 금액인 연간 8,000억 달러 이상을 의료 행정에 지출한다.[5] 그 가운데 거의 3분의 1인 2,650억 달러가 규제 및 행정 업무에 사용된다.[6] 이는 미국이 암 치료에 쓰는 돈보다 많은 금액이다.[7] 미국은 소아마비를 치료했고, 우주 비행사를 달에 보냈으며, 기록적으로 짧은 시간 안에 코로나19 백신 세 가지를 개발했다. 미국은 현재 의료 시스템보다 훨씬 더 잘해야 한다.

국가별 기대 수명 및 의료비 지출[8]

2015년 기준

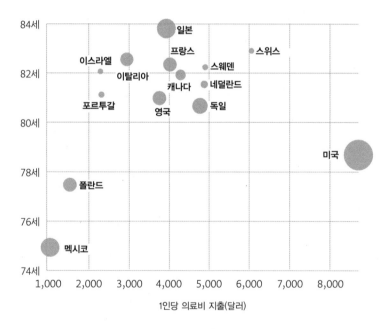

출처: 세계은행의 《데이터로 보는 세계Our World in Data(OWID)》
비고: 원의 크기는 1970~2015년 연평균 변화를 나타냄.

44
—
가난해지고 분노하는 청년들

미국 역사상 처음으로 청년층이 부모 세대보다 경제적으로 더 나아지지 않았다. 1940년에 태어난 미국인은 부모 세대보다 잘살 확률이 92퍼센트였다.[1] 1970년생은 61퍼센트였다. 1984년에 태어난 밀레니얼 세대가 부모보다 잘살 가능성은 50퍼센트에 불과하다.

나는 나이에 따른 불평등이 미치는 영향이 걱정된다. 우리 부모님 같은 이민자들은 자녀들이 스스로 더 나은 삶을 살 수 있게 하려고 미국에 온다. 예전에는 이런 목표를 달성할 수 있었다. 하지만 이제 젊은 이들은 진저리를 친다. 소득 대비 자산 비율로 측정했을 때, 젊은 세대의 자산은 그들 부모가 같은 나이에 가졌던 경제적 안정성의 절반에도 미치지 못한다.[2] 젊은 세대에게 할당된 부의 가치는 폭락했다. 나는 경제적 기회와 유동성이 사라지는 것은 질병이며, 수치심, 좌절, 분노가 그 증상으로 나타난다고 생각한다. 청년들, 특히 남성들은 이미 그런 감정의 배출구를 찾았다. 커뮤니티 사이트인 레딧Reddit의 채팅방, 밈 주식,* 폭력 시위는 모두 지루함과 좌절감이 싹트고 있다는 신호이다.

---

* 소셜 미디어 주식 커뮤니티의 입소문meme을 통해 개인 투자자들의 인기를 끄는 주식이다.

부모가 30세였을 때보다 더 많은 돈을 버는 30세 청년의 비율[3]

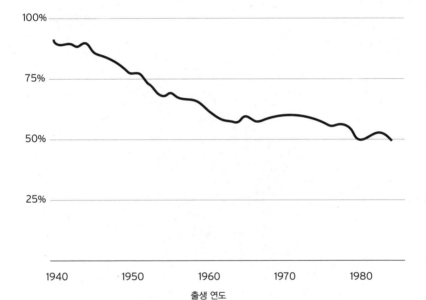

출처: 《사이언스》 2016년 12월호

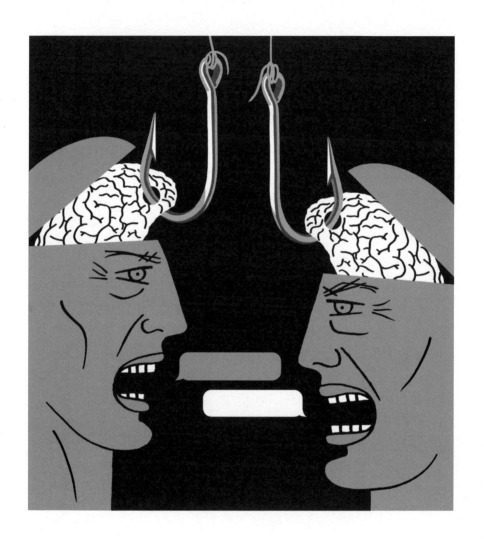

CHAPTER 5

초연결 시대의 경제학

만약 돈을 내지 않는다면 당신은 고객이 아니다.
당신은 제품이다.

2007년 1월 9일 스티브 잡스는 맥월드 엑스포 행사 기조연설에서 애플이 휴대전화를 만든다고 발표했다.[1] 잡스는 이 휴대전화를 "모든 것을 바꿀 혁명적인 제품"이라고 말했다.[2] 그는 옳았고, 아이폰은 모든 것을 바꿨다. 우리는 단지 어떻게 바뀔지 몰랐을 뿐이다.

당시 전문가들은 3년밖에 안 된 페이스북이라는 신생 기업이 야후가 제안한 9억 달러 규모의 인수 제안을 거절한 결정을 의아해하고 있었다.[3] 오데오Odeo라는 팟캐스트 회사는 사우스 바이 사우스웨스트 South by Southwest 축제에서 자사 신제품인 트위터를 마케팅하고 있었다.[4]

인터넷 붐은 1990년대 후반에 시작되었지만, 진정한 패러다임 전환이 도래하기까지는 10년이 더 걸렸다. 모바일과 소셜 네트워크라는 두 가지 힘이 모든 것을 바꿔놓았다. 우리는 수익이 아닌 사용자를 기준으로 기업을 평가하기 시작했다. 페이스북 사용자 수와 국가의 인구 중 어느 쪽이 더 급속히 성장하는지 비교하기 시작했다. 우리는 실제로 아무것도 구매하지 않고 무료로 사용하면서 점점 더 많은 인터넷 브랜드를 알게 되었다. 무료로 사용할 수 있는 이유는 우리가 고객이 아니었기 때문이다. 우리가 제품이 된 것이다.

2010년 우리는 깨어 있는 시간의 3퍼센트를 휴대전화에 사용했다.[5] 2021년 휴대전화 사용시간은 33퍼센트로 증가했으며[6] 그 절반 이상은 소셜 미디어를 한다. 우리의 관심에서 창출된 수익은 세계에서 가장 큰 다수의 기업이 거의 챙겨간다. 구글의 모회사인 알파벳은 광고 수익이 전체 수익의 80퍼센트 이상을 차지한다.[7] 메타의 경우 거의 98퍼센트다.[8] 이 두 회사가 미국 전체 광고 수익의 3분의 1 이상을 벌어들인다.[9] 이 모든 것이 불과 10년 안에 일어난 변화이다.

이러한 변화는 알고리즘 때문에 가능했다. 알고리즘 분석 결과 우리를 화나게 만드는 콘텐츠가 가장 관심을 끈다는 사실이 밝혀졌다. 사용자가 거북하다고 판단한 유튜브 동영상이 일반 동영상보다 70퍼센트 더 많은 조회수를 기록한다.[10] 트위터에서 거짓은 진실보다 6배 빠른 속도로 퍼진다.[11] 페이스북은 전체의 15퍼센트가 넘는 시간 동안 이용자에게 신뢰할 수 없는 뉴스를 내보낸다.[12] 인터넷은 더 연결된 세상에 대한 약속을 바탕으로 만들어졌지만 실제로는 정반대 효과를 가져왔다. 우리는 각자의 에코 체임버echo chamber*에 갇혀 더 이상 화합하지 않는다. 심리학자 조너선 하이트Jonathan Haidt는 성공한 민주주의는 일반적으로 강력한 제도, 공유하는 역사, 매우 신뢰할 수 있는 광범위한 소셜 네트워크에서 나오지만, 소셜 미디어는 이 세 가지 모두를 악화시킨다고 말한다.[13] 멍하게 글을 게시하고 '좋아요'를 누르고 리트윗하는 가운데 우리는 길을 잃었다.

---

* 반향 효과를 얻기 위해 설치한 인공적 폐쇄 공간. 자신과 가치관이 다르거나 반대되는 관점을 차단하고, 선호하는 관점만을 반복적으로 수용하고 소비하는 것을 의미하기도 한다.

45

—

전 국민이 스마트폰에 중독됐다

미국의 Z세대는 하루에 80번 정도 휴대전화 잠금을 해제한다.[1] 그리고 Z세대만 그런 것이 아니다. 휴대전화는 우리 정체성을 근본적으로 확장했으며, 휴대전화에 대한 애착은 급속도로 빨리 형성되었다. 2007년 아이폰 출시 이후 2012년에는 미국 성인의 거의 절반이 스마트폰을 가지게 됐다.[2] 10년도 안 되어 미국인의 거의 절반은 휴대전화가 없을 때 어느 정도의 불안을 느끼게 된다.[3] 2020년 한 연구에 따르면, Z세대 미국인 96퍼센트[4]가 휴대전화 없이는 화장실에 가지 않는다. 일일 전화 사용량은 2010년 이후 매년 25퍼센트씩 증가하고 있다. 요즘 미국인의 평균 일일 모바일 기기 사용 시간은 4시간 23분이다.[5]

　우리는 하루에 서너 번 먹고 마신다. 대부분 성인은 하루에 17번 정도 웃는다.[6] 1989년부터 2014년까지 2만 6,000명 이상을 대상으로 한 연구에 따르면, 일반 성인은 일주일에 한 번 정도 성관계를 갖는 것으로 나타났다.[7] 이는 젊은 성인이 평균적으로 일주일에 한 번 성관계하고, 120번 정도 웃으며 550번 이상 휴대전화 잠금을 해제한다는 것을 의미한다. 인간의 삶에 기술이 이렇게 깊숙하게 파고든 적이 없었다.

미국 스마트폰 사용자의 하루 평균 잠금 해제 횟수[8]

2018년 기준

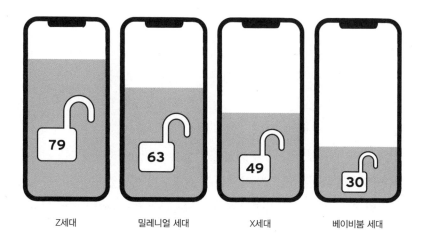

| Z세대 | 밀레니얼 세대 | X세대 | 베이비붐 세대 |

출처: 스타티스타에서 버토애널리틱스Verto Analytics 3090 자료 인용

46

—

디지털 광고가 산업을 지배한다

한때는 실행이 불가능해 보였고 크게 오해받기도 했던 비즈니스 모델이 기기 사용 시간의 폭발적 증가를 촉진했다. 바로 광고다. 37조 기가바이트의 데이터[1]를 수집해 0.2초 안에[2] 개인 맞춤형 결과를 작은 가상 광고판에 순위별로 제공하는 알고리즘 검색 엔진, 여기에 비용을 지급한다는 생각은 구글이 처음 이를 출시했을 때만 해도 성공 여부가 의심스러웠다. 하지만 우리가 간과한 것은 규모의 힘이었다.

더 많은 시간을 기기에 소비하는 사용자가 늘어나면서 디지털 광고 시장은 현금을 긁어모으는 거대 산업으로 탈바꿈했다. 2011년에는 디지털 광고가 미국 전체 광고 수입에서 20퍼센트를 차지했다.[3] 그 이후 비 디지털 광고 시장은 위축됐지만, 디지털 광고는 폭발적으로 늘어났다. 디지털 광고는 이제 미국 전체 광고 수입의 63퍼센트를 차지[4]하고 있을 뿐만 아니라 광고 산업을 약 2,500억 달러 규모로 변모시켰다.[5]

미국의 광고 수익[6]

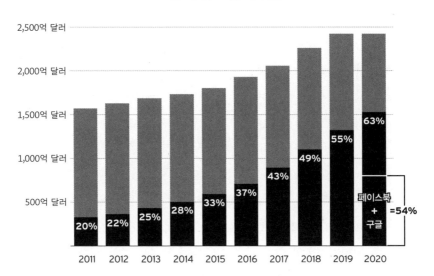

■ 디지털   ■ 비디지털

2,500억 달러

2,000억 달러

1,500억 달러

1,000억 달러

500억 달러

20% 22% 25% 28% 33% 37% 43% 49% 55% 63%

페이스북 + 구글 =54%

2011 2012 2013 2014 2015 2016 2017 2018 2019 2020

출처: 이마케터eMarketer, 퓨리서치센터

47

—

저널리즘이 무너지고 있다

우리가 페이스북과 구글을 하는 데 많은 시간을 보내면서, 한때 우리에게 가장 중요했던 미디어, 특히 뉴스에는 더 이상 관심을 기울이지 않게 되었다. 2008년 미국 신문들은 380억 달러의 광고 수익을 올렸다.[1] 그 숫자는 이듬해 27퍼센트 감소했고[2] 계속 곤두박질쳤다. 2020년 신문 광고 수익은 사상 최저인 90억 달러 미만으로 나타났다.

수익이 감소하면서 저널리스트의 수는 줄어들었다. 2008년 인쇄물에서 텔레비전까지 미국 내 모든 채널의 뉴스룸 직원 수는 약 11만 4,000명이었다. 2020년 그 숫자는 8만 5,000명으로 26퍼센트나 감소했다. 저널리스트의 수가 미국의 총체적 사실을 파악할 수 있는 대리변수라고 가정한다면, 그것은 급격한 감소다.

미국의 신문 광고 수익 및 뉴스룸 직원의 수[3]

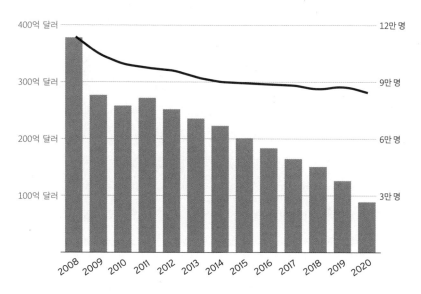

- ■ 신문 광고 수익 ■ 뉴스룸 직원의 수

출처: 퓨리서치센터, 뉴스미디어연합, 미국 노동통계국

48
—
"충격!"과 분노가 언론을 잠식한다

인스타그램과 트위터 같은 새로운 소셜 미디어 앱이 곧 전면에 등장했고 우리가 집중할 수 있는 시간도 계속 줄어들었다. 2014년에는 웹사이트에 방문해서 머무르는 시간이 15초 미만인 경우가 55퍼센트에 달했다.[1] 광고가 여전히 수익의 많은 부분을 차지하는 언론 매체의 경우, 고객이 웹사이트에 오래 머물도록 관심을 유지하기 위해 헤드라인을 조정해야 했다. 가장 좋은 뉴스 기사는 가장 많은 클릭, 좋아요, 공유를 얻은 기사다. 예전에는 판매 부수가 유일한 성과 지표였다. 하지만 언론 기관은 이제 인터넷을 통해 독자층을 개별 헤드라인으로 유도하는 요인을 측정할 수 있다. 급속도로 유포되는 뉴스는 감정과 직접적인 연관이 있다는 사실이 곧 명확해졌다. 가장 인기 있는 헤드라인은 우리를 불안하게 만들고, 화나게 하며, 충격을 주는 것들이다.

와튼경영대학원의 연구원들은 《뉴욕타임스》 기사의 사회적 전달에 관한 통계를 분석했다. 이 연구는 이메일로 가장 많이 보낸 목록에 오를 가능성이 큰 기사는 구체적으로 어떤 내용인지를 파악했다. 연구 결과 세 가지 특징이 다른 어떤 것보다도 더 기사가 유포되는 데 확실한 영향을 미쳤다. 불안의 표준 편차가 증가할 때마다 이메일로 가장 많이 보낸 기사 목록에 오를 확률은 21퍼센트 증가했다. 놀라움의 표준 편차가 증가할 때는 30퍼센트 상승했다. 하지만 가장 강력한 감정은 분노로, 유포 정도를 34퍼센트나 높였다.

《뉴욕타임스》 '이메일로 가장 많이 전송된 기사' 목록에 오를 확률이 높은 기사의 감정 특징[2]

2012년 기준

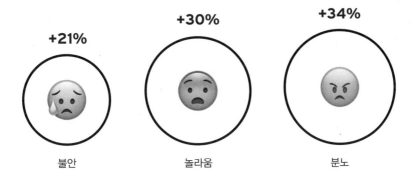

+21%　　　+30%　　　+34%

불안　　　놀라움　　　분노

출처: 《마케팅 리서치 저널Journal of Marketing Research》, 2012년 4월

49

가짜 뉴스가 진실보다 6배 빠르다

언론 기관들은 예산과 뉴스룸 인력을 유지하기 위해 헤드라인을 선정적으로 만들기 시작했지만, 새로운 형태의 '뉴스'가 등장하고 있었다. 편집과 관련한 세밀한 검토 대상이 아니면서도, 감기 바이러스 못지않은 잠재력을 가지고 있는 유일한 뉴스 매체, 바로 트위터다.

2010년에서 2015년 사이 트위터의 월간 사용자 수는 3,000만 명에서 3억 명으로 10배나 증가했다.[1] 전통적인 뉴스 매체와 마찬가지로, 가장 인기 있는 트윗은 가장 폭력적인 감정을 불러일으키는 뉴스였다. 언론인들에게 이 사실이 뉴스를 실제보다 더 극적으로 포장하는 것을 의미했다면, 트위터 사용자에게는 뉴스를 조작하는 것을 의미했다.

MIT의 한 연구에서는 과학, 테러리즘, 금융 등 모든 카테고리에 포함된 12만 6,000개의 트윗 데이터 묶음을 조사하여 이를 사실 기반 정확도에 따라 분류했다. 연구팀은 1,500명의 사람에게 거짓이 도달하는 데 걸리는 시간이 진실이 도달하는 데 걸리는 시간보다 6배나 짧다는 사실[2]을 발견했다. 한편, 미국의 성인 트위터 사용자 10명 중 7명이 트위터에서 뉴스를 접한다고 한다.[3] 그리고 전체 트윗의 80퍼센트가 10퍼센트의 사용자에게서 나온다.[4]

거짓말의 속도[5]

트위터에서 1,500명의 사용자에게 도달하는 평균 시간

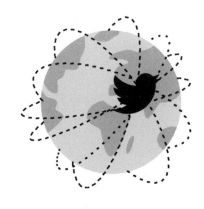

트위터에서
거짓은 진실보다
6배 빠르게 퍼진다.

출처: 《사이언스》 2018년 3월

50
—
검열보다 알고리즘이 문제다

소셜 미디어 플랫폼에서 거짓말이 난무하는 현상은 소셜 미디어 회사 자체에 대한 대대적인 불신으로 이어졌다. 미국인 10명 중 7명 이상이 소셜 미디어 사이트가 정치적 견해를 검열한다고 생각한다.[1]

이러한 불신은 정당을 불문하고 정치계 전반으로 확대되었다. 공화당 지지자 10명 중 9명이 그리고 민주당 지지자의 10명 중 6명이 정치적 검열을 의심한다.[2] 그러나 사실 소셜 미디어의 검열은 정치와 거의 관련이 없으며, 전적으로 알고리즘과 관련되어 있다.

소셜 미디어 게시물은 알고리즘에 따라 순위를 매겨서 사용자에게 추천하는 방식(즉 사용자의 참여를 최적화함)으로 진행되기 때문에 소셜 미디어 사이트가 실제로 검열하는 유일한 콘텐츠는 우리를 지루하게 만드는 내용이다. 내용이 덜 온건하고 극단적일수록 콘텐츠를 널리 퍼뜨리는 데 유리하다. 페이스북에서 극단주의 단체에 가입한 사람들의 64퍼센트는 알고리즘이 그들을 그곳으로 유도한 덕분이었다.[3] 미국의 극우 음모론 단체 큐어넌Qanon이 온라인에 등장한 지 3년도 채 지나지 않았을 무렵 이미 미국인의 절반은 그들의 음모론을 접해보았다.[4] 사실 소셜 미디어는 우리를 분열시키기 좋아한다.

소셜 미디어가 정치적 견해를 검열한다고 생각하는 미국인의 비율[5]

2020년 기준

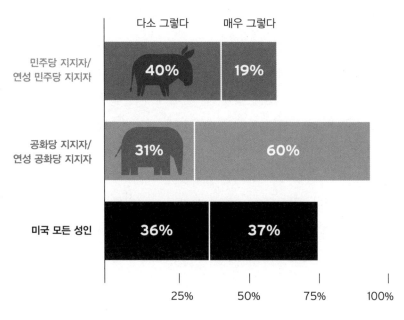

출처: 퓨리서치센터

51

—

점점 더 뉴스를 믿지 않는다

극단주의, 잘못된 정보, 음모론이 난무하는 디지털 세계에서 불신은 미디어 전반, 특히 케이블 네트워크까지 확산되었다. 2016년에서 2021년 사이 국영 뉴스 기관에 대한 미국인의 신뢰는 급격히 감소했다.[1] 이러한 경향은 지난 10년 동안의 다른 많은 것들과 마찬가지로 정치적 노선에 따라 첨예하게 나뉘었다.

국영 뉴스 매체를 신뢰하는 민주당 지지자의 비율은 5년 사이 5퍼센트 감소했다.[2] 공화당 지지자의 신뢰는 35퍼센트나 하락했다. 오늘날 국가 뉴스 기관에서 제공하는 정보를 신뢰하는 미국인은 10명 중 6명 미만이며,[3] 신문과 텔레비전 뉴스에 대한 신뢰도는 사상 최저 수준이다.[4]

국영 뉴스 기관의 정보를 신뢰하는 미국인의 비율[5]

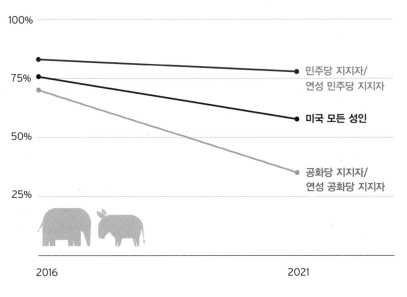

100%

75%

민주당 지지자/
연성 민주당 지지자

미국 모든 성인

50%

공화당 지지자/
연성 공화당 지지자

25%

2016

2021

출처: 퓨리서치센터

52

범죄율은 하락, 범죄 뉴스는 폭증

전후 시대 후반기에 미국 내에서 폭력 범죄가 증가하기 시작해 1990년대 초까지 이러한 추세가 이어졌다.[1] 그때까지 폭력 범죄는 정치 문제의 중심에 있었다. 그러나 지속적인 경제 번영에 힘입어 폭력 범죄는 빠르게 증가한 만큼 빠르게 감소했다.

범죄가 감소한 이유는 불분명하지만, 인구 고령화에서 환경 보호, 경찰에 대한 투자, 나아진 일자리 전망, 다이버전diversion 프로그램* 등 다양한 요인들 때문일 가능성이 크다. 그러나 범죄가 줄어드는 이유만큼이나 흥미로운 점은 우리가 '여전히 범죄가 감소하지 않았다'고 인식한다는 사실이다. 1993년 이후 실시된 갤럽 조사 24건 중 20건에서 매년 미국 성인의 최소 60퍼센트가 전년보다 전국적으로 더 많은 범죄가 발생한다고 생각하고 있는 것으로 나타났다.[2]

이것은 무엇을 의미할까? 정치인들은 '범죄 강력 대응'이라는 수사를 좋아하고, 범죄 보도는 독자층을 끌어당긴다. 브레넌 센터는 1990년 《뉴욕타임스》가 129개의 헤드라인에 '살인homicide' 또는 '살해

---

* 법원 판결 전 사법 처벌 대신 다양한 대안으로 유죄 판결을 피할 수 있도록 하는 프로그램이다.

murder'라는 단어를 사용했음을 밝혔다.[3] 당시 뉴욕시의 살인율은 인구 10만 명당 31명이었다. 살인율이 10만 명당 4명으로 떨어진 2013년, 《뉴욕타임스》는 살인과 살해라는 헤드라인을 전보다 더 많은 135번 사용했다.[4] 소셜 미디어가 주도하는 미래에 우리가 선정적인 범죄 보도에서 멀어지기를 기대할 수 있는 이유는 거의 없다.

범죄율에 대한 미국인의 인식 대비 현실[5]

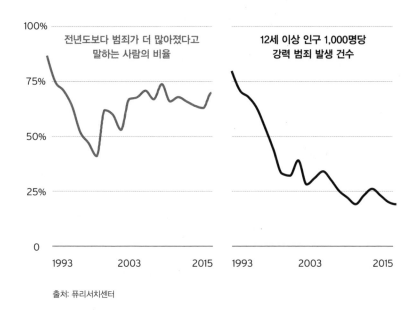

전년도보다 범죄가 더 많아졌다고 말하는 사람의 비율

12세 이상 인구 1,000명당 강력 범죄 발생 건수

출처: 퓨리서치센터

53
—
'자연스러운 만남'은 없다

휴대전화 화면을 들여다보며 더 많은 시간을 보낸다는 것은 연애 생활을 포함해 삶의 더 많은 시간을 온라인 플랫폼에 투자함을 의미한다. 현대사를 통틀어 사람들이 연애 상대를 만나는 가장 일반적인 방법은 친구를 통해서였다. 닷컴 시대에 온라인 '데이트', 사실상의 온라인 만남이 탄력을 받기 시작했을 때, 이것은 문화 생태계를 흔들어 놓았고 한 세대 만에 지배적인 만남의 매체가 되었다.

온라인을 통한 교제에 대해서는 할 말이 많다. 다른 형태의 소셜 미디어와 마찬가지로 이것은 물리적 세계에서는 결코 만나지 못했을 사람들을 의미 있게 연결해준다. 개인 네트워크를 확장해서 작은 마을을 더 크게 느낄 수 있고, 공통 관심사를 가진 사람들을 연결함으로써 대도시를 더 작게 느끼게 할 수도 있다.

그러나 온라인 데이트의 위험성은 매체가 많은 커플을 만든 만큼이나 트윗, 사설, 연구에 많은 영향을 미쳤다. 일단 이 플랫폼들은 우리의 본능을 확장하는 다른 플랫폼들과 동일한 결함을 가지고 있다는 것까지만 말해두자. 알고리즘은 사회적 관심사나 진정한 행복 따위에는 관심 없다.

연애 상대를 만나는 방법[1]

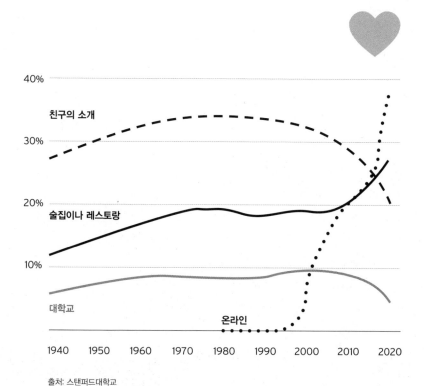

친구의 소개

술집이나 레스토랑

대학교

온라인

40%

30%

20%

10%

1940 1950 1960 1970 1980 1990 2000 2010 2020

출처: 스탠퍼드대학교
비고: 이성애 관계 기반 데이터.

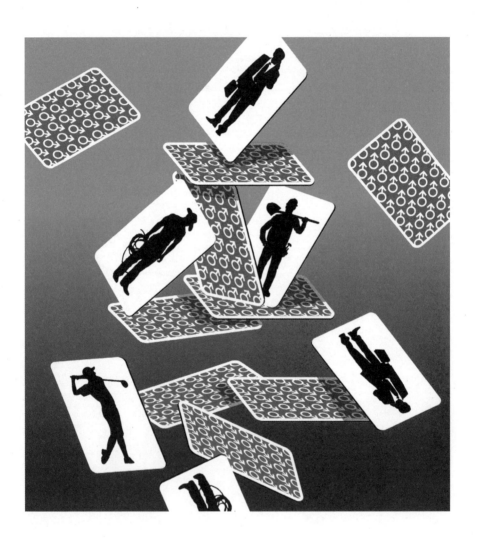

CHAPTER 6

하우스 오브 카드

미국의 내부 분열은 어제오늘의 일이 아니다.
그러나 사적 이익을 위해 분열을 이용하는 것이 아니라
공동 번영을 통해 이런 분열을 함께 엮어낼 때 발전이 가능하다.

2018년 아름다운 플로리다 해안을 따라 펼쳐진 12층짜리 콘도의 주민들은 콘도 콘크리트판이 심각하게 노후되었음을 증거 자료와 함께 신고했다. 2020년 기술자들이 표면 손상을 복구하려고 했지만 전체 구조물을 더 불안정하게 만들 수 있다는 우려 때문에 중단되었다. 2021년 4월에는 콘크리트판이 "훨씬 더 심각하게 손상되었다"는 신고가 잇달았다. 보수 작업을 할 계획까지 세웠지만, 실현될 수 없었다. 두 달 후, 플로리다의 서프사이드 콘도가 무너져 98명이 사망했다.

참사 이후 물 고임, 갈라진 콘크리트, 녹슨 철근 등이 그대로 담긴 사고 발생 전 사진과 보고서가 공개되었다. 누가 봐도 문제가 심각하다는 사실을 바로 알 수 있을 정도였다. 익숙한 패턴이다. 룸미러에는 경고등이 늘 분명하게 표시된다. 미국은 어떤 경고 사인을 받고 있을까? 미국의 기반이 지닌 약점은 무엇일까? 일단 가까운 것부터 살펴보자.

교육, 경제, 사회화 같은 여러 가지 중요한 척도를 볼 때 나는 우리 젊은이들에게 위기가 다가오고 있다고 생각한다. 특권을 가진 소수, 주로 나이가 많고 백인이며 부유한 남성이 사업, 정치, 사회 분야에서 불균형한 통제력을 행사하는 반면, 다른 많은 남성은 실패한다.

이런 현상은 일찍부터 시작된다. 부모들은 교육 측면에서 남자아이보다 여자아이에게 더 기대가 크다.[1] 같은 잘못을 해도 남학생들이 여학생들보다 정학당할 가능성이 두 배 더 높은데,[2] 이는 학업 성적이 더 나쁜 것과도 관련이 있다. 미국 전역에서 고등교육기관에 등록된 남학생 수는 여학생 수의 3분의 2에 불과하며,[3] 이는 직업 기회의 제약과 낮은 소득 잠재력으로 이어진다. 대학 교육을 받지 못한 남성들은 대학 졸업자보다 평생 90만 달러를 적게 번다.[4]

의미 있는 관계를 맺고 유지하는 역량도 떨어진다. 부모와 함께 사는 미국 청년 비율은 1940년대 이후 볼 수 없던 수준까지 높아졌다.[5] 혼인율이 가장 급격하게 감소한 집단은 가난한 남성들이다.[6] 연구에 따르면 혼인율 감소[7]는 경제력, 행복, 출산율의 감소로 이어진다. 따분하고, 고립되었으며, 교육 수준이 낮은 대규모 남성 집단이 증가하는 현상은 어느 사회에서나 해롭다. 소셜 미디어에 중독된, 거칠고 총기가 난무하는 사회에서 이들은 정말로 무서운 집단이다.

정치적 분열도 심각하다. 요즘에는 '미합중국'이라는 이름이 상당히 역설적으로 느껴진다. 버지니아대학교의 조사에 따르면[8] 바이든 대통령 지지자 5명 중 2명은 이제 정당을 기준으로 나라를 나눌 때라고 생각한다. 트럼프 지지자들 역시 절반 이상이 분할에 찬성한다. 텍시트Texit*가 새로운 브렉시트가 되었다. 이것은 악순환을 낳는다. 상대를 적으로 간주하면 협상을 할 수 없으며, 정부는 아무것도 못 하게 된다. 이는 정부에 대한 신뢰를 더욱 약화시키고 상대에 대한 증오를 부채질한다.

---

* '텍사스'와 '엑시트'를 합친 단어로, 텍사스의 미국 연방 탈퇴를 의미한다.

54

—

가난하고 아픈 싱글이 늘어난다

미국의 혼인율은 수십 년 동안 감소해왔으며 2020년에는 인구 1,000명당 5.1명으로 사상 최저치를 기록했다.[1] 이는 대공황 시기인 1932년의 7.9명보다도 낮은 수치이다.

소득 수준이 낮은 집단에서 혼인율은 더 빠르게 감소했다. 1970년에서 2011년까지 소득 수준 하위 3분의 1에 해당하는 남성은 결혼할 확률이 30퍼센트 이상 낮았고, 85분위 이상 남성의 경우, 15퍼센트 미만으로 확 떨어졌다.[2] 소득 수준이 낮은 여성은 남성만큼 낮지는 않았지만 현저히 낮은 혼인율을 보였다.[3] 반면 고소득층 여성의 혼인율은 거의 감소하지 않았다. 소득 상위 1퍼센트 여성의 혼인율은 오히려 증가했는데, 여러 소득 집단 중 유일하게 증가한 집단이다.

결혼은 강력한 제도이다. 경제적, 감정적, 논리적 측면의 파트너를 제공해주기 때문이다. 두 사람이 만나 가정을 꾸리면 더 효율적인 가정이 형성되고 자녀들을 위해 더 나은 결과를 낳을 수 있는 강력한 기반을 구축할 수 있다.[4] 미혼 부모가 있는 가구의 소득은 기혼 부모가 있는 가구 소득의 3분의 2 정도밖에 되지 않는다. 기혼자들은 더 좋은 건강보험에 가입했고, 기혼 부부의 자녀도 마찬가지다. 또한, 배우자를 통해 더 많은 사회적 네트워크에 접근할 수 있다. 따라서 당연히 기혼자들이 더 오래 살고, 뇌졸중과 심장마비를 더 적게 경험하며, 우울증 발병률이 더 낮은 경향이 있다.

미국의 혼인율[5]

인구 1,000명당

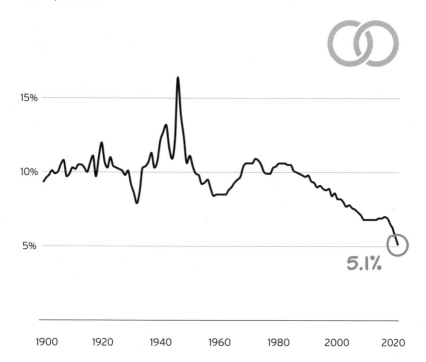

출처: 미국 질병통제예방센터(CDC)

55

남성의 부양 의무는 줄지 않았다

2017년 실시한 한 설문조사에서 남녀 가릴 것 없이 전체 미국인의 3분의 2 이상이 좋은 남편이나 파트너가 되려면 남성이 가족을 재정적으로 부양하는 것이 '매우 중요'하다고 응답했다. 이와 대조적으로 좋은 아내나 파트너가 되기 위한 조건으로 여성의 경제적 안정이 매우 중요하다고 응답한 남성은 25퍼센트, 여성은 39퍼센트에 불과했다. 결론은, 남성과 여성이 각자 버는 소득의 중요성에 대해 상당히 다른 잣대를 가지고 있다는 것이다.

상대 파트너의 경제적 안정의 중요성[1]

○ 중요하다고 여기는 남성의 비율
○ 중요하다고 여기는 여성의 비율

72%   71%

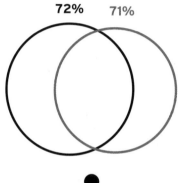

25%   39%

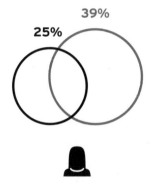

경제적으로 가족을 부양할 수 있는 능력은
남성이 좋은 남편이나 파트너가 되는 데
매우 중요한 요인이다.

경제적으로 가족을 부양할 수 있는 능력은
여성이 좋은 아내나 파트너가 되는 데
매우 중요한 요인이다.

출처: 퓨리서치센터

56

—

남성의 대학 진학률이 떨어진다

1970년에는 대학 신입생의 거의 60퍼센트가 남성이었지만, 이 비율은 계속 감소해서 2021년 40퍼센트까지 떨어졌다.[1] 2018~2019년도에 학사학위를 받은 여성은 110만 명이 넘었지만,[2] 남성은 86만 명 미만이 었다. 대학에 진학하는 남성의 수가 줄고 있다는 사실은 경제적 번영을 향하고 있는 남성의 수가 줄어든다는 의미다. 더 많은 남성이 번영의 사다리에서 내려온다는 사실은 그들이 내가 미국에서 가장 위험한 집단이라고 생각하는, 빈곤하고 고립된 남성 집단으로 향해 가고 있음을 의미한다.

미국 대학 진학률에서 남성이 차지하는 비율[3]

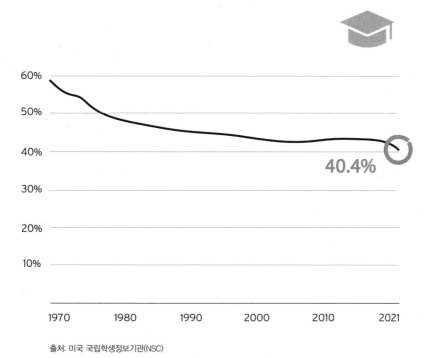

40.4%

출처: 미국 국립학생정보기관(NSC)

57

—

데이트 앱, 불평등의 온상이 되다

데이트 앱은 잠재적 파트너들을 극소수의 가진 자 집단과 아주 거대한 가지지 못한 자 집단으로 구분한다. 플랫폼이라는 경기장에서 가장 매력적인 사람들은 상당히 많은 점수를 얻는 한편,[1] 대다수 사람은 거의 점수를 얻지 못한다. 경제학자들은 사회의 경제적 불평등을 측정하기 위해 지니계수를 사용하는데, 지니계수가 클수록 불평등 수준이 높고, 낮을수록 불평등 수준이 낮다. 지니계수를 데이트 앱 힌지Hinge에서 "좋아요"를 받는 정도에 적용했을 때, 여성과 남성의 지니계수는 각각 0.38, 0.54로 나타났다. 경제적 측면에서 봤을 때, 힌지는 세계에서 상당히 불평등한 장소 중 하나일 것이다.

국가별 지니계수와 힌지에서 매력 불평등 정도[2]

2017년 기준

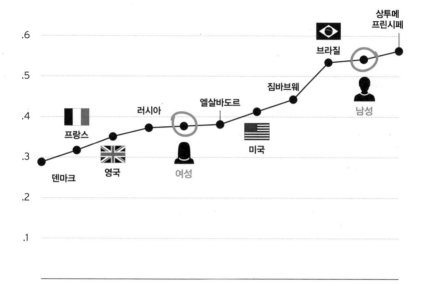

출처: 쿼츠Quartz

58
—
정치적 분열이 대를 잇는다

부모가 정치적 신념 때문에 자녀의 결혼을 지지하지 않을 수도 있다.
특히 자녀가 부모와 한 집에 사는 경우 이런 경향은 더 크게 나타난다.
1960년에 자녀가 반대 정당을 지지하는 사람과 결혼하는 것에 대해
걱정하는 부모는 25명 중 1명꼴이었다.[1] 하지만 2018년에는 민주당 지
지 부모의 거의 절반과 공화당 지지 부모의 3분의 1이 자녀가 반대 정
당을 지지하는 사람과 결혼할까 봐 걱정했다.

자녀가 반대 정당을 지지하는 배우자와 결혼하는 것에 대한 우려[2]

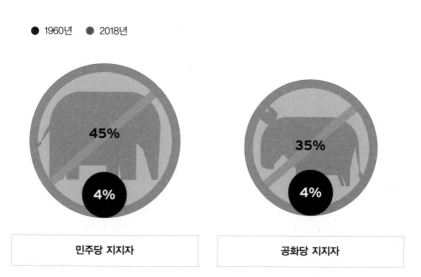

● 1960년   ● 2018년

45%

4%

35%

4%

민주당 지지자

공화당 지지자

출처: 정치·사회 연구를 위한 대학 간 컨소시엄 및 공공 종교 연구소

59

—

캥거루족이 늘어난다

대학 등록률이 떨어지고 경제적 안정을 얻을 기회가 줄어들며 친밀한 사회관계를 형성하지 못하는 가운데 청년들이 집을 떠날 동기와 수단도 줄어들었다. 2020년에 부모와 함께 사는 젊은 성인의 비율은 사상 최고치를 기록했다. 이 최고점 이전에 기록된 가장 높은 수치는 1940년 대공황 말기에 실시한 인구조사에서 나온 수치로, 당시에는 청년의 48퍼센트가 부모와 함께 살았다. 2020년 2월 부모와 함께 사는 청년의 비율은 47퍼센트였으며, 여기에 코로나19가 촉진제 역할을 한 결과 같은 해 7월에는 52퍼센트까지 늘어났다.

미국에서 부모와 함께 사는 18세에서 29세 청년 비율[1]

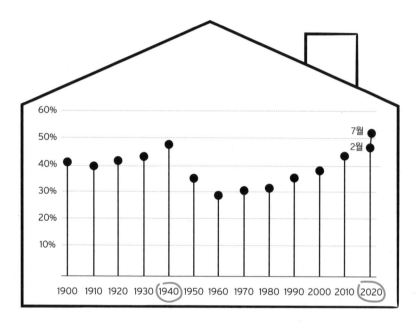

출처: 퓨리서치센터

60

인구 증가율 둔화가 대공황 수준이다

일반적으로 인구 증가는 경제 성장의 전제 조건으로 간주한다. 사람이 더 많다는 것은 일을 더 많이 한다는 뜻이며, 더 많은 경제적 가치의 창출을 의미한다. 노동자들이 나이가 들어 직장을 떠나면, 청년이나 이민자가 그들을 대체하여 은퇴자를 부양하고 경제를 유지해야 한다. 하지만 미국의 인구 증가율은 점점 둔화하고 있다. 2010년에서 2020년 사이 인구는 7.4퍼센트 증가[1]하는 데 그쳐 미국 역사상 가장 느린 성장률을 기록했다.

이러한 인구 증가율 둔화는 대공황 기간에 발생한 일시적인 성장 감소와는 달리 근본적인 변화의 결과이다. 미국인들은 아이를 적게 낳고 있으며 이민이라는 관문도 점점 좁아지고 있다. 인구 증가는 수명의 함수이기도 하다. 우리는 한때 꾸준히 수명을 연장했지만, 코로나19 팬데믹 기간에 더욱 가속화된 약물 과다복용, 비만, 자살 같은 절망의 질병으로 인해 매년 점점 더 많은 사람이 사망하고 있다.

미국의 인구 증가율[2]

10년 단위

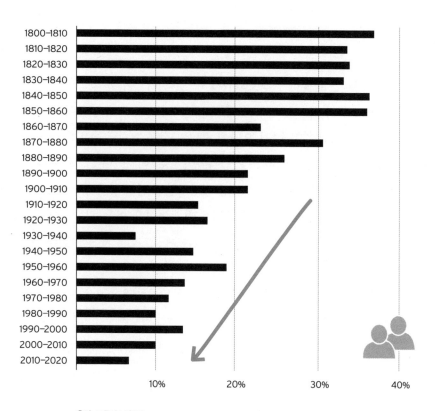

출처: 브루킹스연구소The Brookings Institution.

61
—
남녀 모두에게 불평등하다

"모든 사람은 평등하게 창조되었다"는 것은 미국이 한 약속의 핵심이다.* 그러나 이 약속은 태어날 때부터 지켜지지 못했다. 인종이나 지리적 경제적 지위 같은 여러 요인이 자녀의 성공 기회뿐 아니라 심지어 삶에도 지대한 영향을 미친다. 남자아이 또는 여자아이로 태어난다는 것은 아마 이 모든 것 가운데 가장 결정적인 요인일 것이다.

소녀들은 남성과 남성의 두려움과 불안함을 악용하는 미디어의 위협에 직면해 있고, 성인이 된 이후에는 여성으로서 자신에게 불리한 장애물이 잔뜩 쌓여 있는 직장 세계로 들어간다. 소년들 역시 위협에 직면해 있는데, 이러한 위협은 최근 몇 년 동안 더욱 험악해지고 있다. 소년과 젊은 남성은 절망사**로 고통받고 있지만, 허풍을 남성성으로, 공격성을 힘으로 착각하는 문화로 인해 이런 어려움에 대처할 준비가 제대로 되어 있지 않다.

---

* 미국 독립선언서 첫 문단에 나오는 문장
** 자살, 약물 과다복용, 알코올 중독 등으로 인한 사망을 말한다.

출생시 성별에 따른 전망[1]

여자아이

학대를 경험할 가능성이 **3배** 더 높음.

자해할 확률이 **3배** 더 높음.

남성이 1달러를 벌 때,
84센트에서 93센트를 범

육아를 이유로 승진에서 탈락할 확률이
2배 더 높음.

남자아이

대학을 졸업할 가능성이 더 낮음.

약물 과다복용 가능성이 **2배** 더 높음.

자살할 확률이 **3.5배** 더 높음.

감옥에 갈 확률이 **9배** 더 높음.

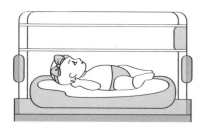 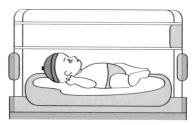

출처: 여자아이 – 미국 질병통제예방센터, 《포브스》, 정신의학연구, 퓨리서치센터
　　　남자아이 – 브루킹스연구소, 퓨리서치센터, 미국 자살예방재단(AFSP), 연방교도소국

62

—

고독하고 폭력적인 남성이 늘어난다

경제적 안정이나 의미 있는 관계를 맺을 길이 없는 지루한 청년들은 자신뿐만 아니라 사회에도 위험하다. 미국 비밀임무국 보고서에 따르면 2019년 대형 폭력 사건 가해자 3명 중 1명만이 정신질환 증세를 보였다. 반면, 폭력 사건 가해자의 92퍼센트가 남성이었고, 3분의 2 이상이 35세 미만이었다.

생물 분류의 기초 단위인 종으로서 우리는 신체적·사회적 접촉이 필요하며 깊고 의미 있는 유대감을 갈망한다. 파트너나 직업, 또는 공동체에 애착을 갖지 못하는 남성들은 쓸쓸함을 느끼며 변동성과 불안정을 추구한다.[1] 청년층의 경제적 방향 상실은 여성에게도 심각한 문제지만, 남성과 비교하면 상대적으로 덜 위험한 것으로 보인다. 젊은 여성은 수치심과 분노를 느낄 때, 반자동 무기에 의존하지 않는다.

미국 내 총기 난사범 인구 통계[2]

2017년~2019년

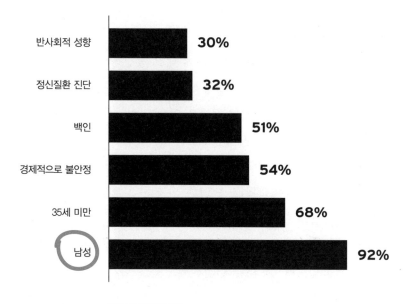

반사회적 성향 **30%**

정신질환 진단 **32%**

백인 **51%**

경제적으로 불안정 **54%**

35세 미만 **68%**

남성 **92%**

출처: 미국 비밀임무국

63

—

정부를 더 이상 믿지 않는다

민주주의는 정치인이나 정치적 의제에 대한 경쟁적 서술과 근거 없는 온라인상의 가설들로 인해 한계에 내몰렸다. 이러한 상황에서 사람들이 국가를 운영하는 이들에게 신뢰를 잃은 것처럼 보이는 것은 너무나 당연하다. 연방 선거연구소는 1958년부터 대중의 정부 신뢰도를 조사하기 시작했다. 당시 미국인의 약 75퍼센트가 연방정부는 거의 항상 또는 대부분 옳은 일을 한다고 믿었다. 그 비율은 2007년 이후 30퍼센트를 넘지 못했다.

2021년 미국인의 42퍼센트가 정치 시스템을 완전히 재정비해야 한다고 믿고 있으며,[1] 또 다른 43퍼센트는 큰 변화가 필요하다고 답했다. 반면에 대부분의 서유럽 국가에서는 12에서 15퍼센트의 사람들만이 정치 시스템이 완전히 개편되어야 한다고 응답했다.

미국 정부에 대한 신뢰도 변화[2]

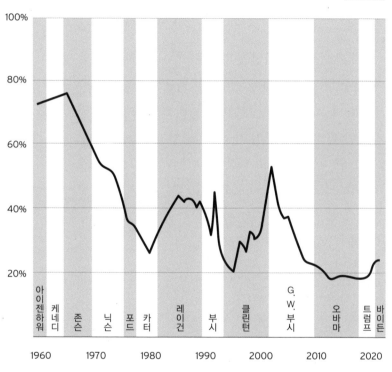

출처: 퓨리서치센터.

64

—

인종 간 격차는 더 벌어졌다

미국에서 가장 고질적인 불평등 중 하나는 백인 가정과 백인이 아닌 가정 사이의 빈부 격차다. 전형적인 백인 가구의 재산이 1달러라고 가정했을 때,[1] 흑인 가구는 12센트를 가지고 있는데, 이 격차는 지난 반세기 동안 더 커졌다. 백인 가구가 1달러를 가졌을 때 히스패닉 가구는 21센트의 재산을 가지고 있다.[2]

미국의 인종별 가계 자산 중위수[3]

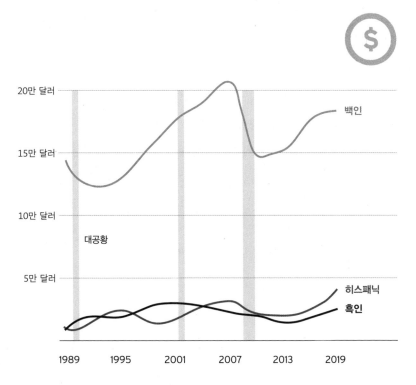

20만 달러
15만 달러
10만 달러

대공황

5만 달러

백인
히스패닉
흑인

1989   1995   2001   2007   2013   2019

출처: 세인트루이스 연방준비은행, 《뉴욕타임스》

65

—

벤처캐피털 = 백인 + 남성 + 아이비리그

스타트업과 기술은 부를 창출하는 기존 방식에 파괴적인 힘이 되었다. 그러나 투자할 만한 창업자를 고르고, 보상을 제공할 성공한 스타트업을 결정하는 벤처 투자가들은 압도적으로 백인 남성인 경우가 많으며, 대부분 비슷한 배경을 가지고 있다. 2018년에 진행된 한 조사에 따르면, 벤처 투자가 10명 중 8명이 남성이었고, 10명 중 7명은 백인이었으며, 10명 중 4명은 스탠퍼드나 하버드대학교를 졸업했다.

미국 벤처캐피털의 다양성[1]

2018년 기준

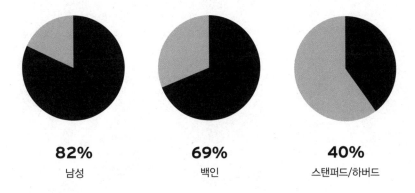

82%	69%	40%
남성	백인	스탠퍼드/하버드

출처: 리처드 커비Richard Kerby, 이퀄벤처스Equal Ventures.

CHAPTER 7

위기 혹은 기회

내부 문제로 미국이 표류하는 동안,
급변하는 세계는 다른 곳에서 리더십을 찾을 것이다.

미국은 수십 년 동안 경제적·군사적 패권의 혜택을 누려왔지만, 그 패권은 쇠퇴하고 있다. 소련이 붕괴한 이후 미국은 유일한 초강대국이었지만, 그동안 행사해온 영향력과 달리 더 이상 미국의 이익은 국제 관계의 구성 원칙이 아니다. 지난 30년 사이 국내외에서 국가 권력을 행사하려는 노력은 대체로 실패했으며, 기업과 사적 이해 관계가 무분별하게 운영되는 등 지역 갈등이 끊이지 않았다.

전염병은 미국이 입은 갑옷의 갈라진 틈을 고통스러우리만치 명확하게 드러냈다. 막대한 자원에도 불구하고 미국은 먼지 입자의 10분의 1 크기에 불과한 바이러스[1]에 제대로 대처할 수 없었다. 한편 다른 나라들의 경우 미국보다 사망률이 훨씬 낮았으며 극단적인 가짜뉴스도 훨씬 적게 확산되었다. 이 글을 쓰고 있는 2022년 1월, 새로운 변이 앞에 미국의 내분은 점점 더 심해지고 있다. 코로나19는 미국이 직면한 많은 위협의 변형일 뿐이다.

팬데믹 기간을 병원을 짓는 올림픽으로 비유하자면, 미국이 개막식에서 대표를 누구로 세울 것인지 놓고 다투는 동안 중국이 금, 은, 동메달을 다 따간 것이나 다름없다. 도널드 트럼프 대통령이 보여준

대응 방식은 초강대국 미국의 명성에 얼룩을 남겼다. 바이든 대통령이 최선을 다해 세탁하려고 노력했음에도 불구하고 역부족이었다. 30년 간 패권을 쥔 이후 미국은 다시 양극화된 세계에 살고 있으며, 2개의 초강대국에 의한 과점 체제가 다시 국제 사회의 구성 원칙이 될 것이 다. 이번에는 중국이 미국의 대항 세력이다.

글로벌 비즈니스 환경에서 떠오르는 홍해, 중국이 아직 미국을 집 어삼킨 것은 아니다. 중국의 제조업은 매우 압도적이고[2] 무역망의 성 장 역시 미국을 앞지르고 있지만,[3] 미국은 여전히 금융, 혁신, 군사·외 교력에서 전략적 우위를 점하고 있다. 그러나 추세는 분명하다. 한때 는 저렴한 노동력이 중국의 경쟁력이었지만, 이제 중국은 기술력과 전 문성 덕분에 경쟁에서 승리하고 있다.[4] 중국 기업들은 여전히 미국이 라는 펜트하우스 아랫층에 살고 있지만, 가치 사슬을 오르는 것만큼이 나 확실하게 계단을 오르고 있다.

가장 심각한 위협은 미국이 직접 초래한 것일 수도 있다. 왜냐하면 미국의 모든 배를 들어올린 번영의 물결처럼 보였던 것이 사실은 바다 가 따뜻해지면서 해수면이 상승한 것이기 때문이다. 기후 변화에 대해 서는 얼마나 심각하며 얼마나 빠르게 진행되느냐의 문제만 남은 듯 보 인다. 그러나 위기는 본질적으로 기회이며, 위기가 커질수록 시장도 커 진다. 메타버스는 잊어라. 탈탄소화는 자라나는 세대에게 가장 큰 경제 적 기회가 될 것이다. 스타트업 경제학의 핵심인 "전체적으로 접근 가 능한 시장"은 바로 인류이다. 자, 여기서 질문 하나. 혁신가와 건설가로 구성된 국가가 이것을 세기의 기회로 잡을 것인가, 아니면 서서히 파도 아래로 가라앉을 것인가?

66

—

최강국의 입지는 공고하다

미국이 수많은 난관에 맞닥뜨리고 있고 약점이 많다고 해서 세계 최강국으로서 미국의 지속적인 우위를 부정해서는 안 된다. 미국 기업들은 세계 100대 기업 대다수를 차지하면서 미국 주식시장의 독보적인 규모를 뒷받침한다. 미국의 R&D 지출은 전 세계의 30퍼센트에 달하며,[1] 미국 스타트업은 세계 유니콘 기업의 50퍼센트를 차지한다.[2] 미국에는 다른 어떤 나라보다도 억만장자가 많다.[3] 올림픽에서 가장 많은 메달을 땄으며, 미국 다음 10개 나라를 합한 것보다 더 많은 국방비 예산을 가지고 있다.[4] 미국의 재화와 서비스는 전 세계 GDP의 거의 25퍼센트를 차지한다.[5] 이 수치는 상당히 인상적이지만, 미국 패권의 수레바퀴는 몇 가지 핵심축에 의해 유지된다. 이런 핵심축이 없어진다면, 그 바퀴는 금방 떨어져 나갈 것이다.

미국의 세계 지표 점유율[6]

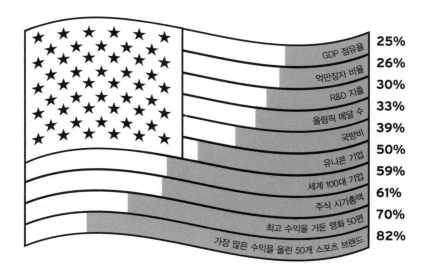

GDP 점유율	**25%**
억만장자 비율	**26%**
R&D 지출	**30%**
올림픽 메달 수	**33%**
국방비	**39%**
유니콘 기업	**50%**
세계 100대 기업	**59%**
주식 시가총액	**61%**
최고 수익을 거둔 영화 50편	**70%**
가장 많은 수익을 올린 50개 스포츠 브랜드	**82%**

출처: 세계은행, 《포브스》, 미국과학진흥협회, NBC 스포츠, CB 인사이트, 린알덴투자전략Lyn Alden Investment Strategy, 인터넷·영화 데이터베이스(IMDB)

67

기축통화 프리미엄이 도전받는다

세계 여러 나라의 중앙은행들이 국제무역이라는 수레바퀴에 기름칠을 하기 위해 보유하고 있는 미국 달러는 전 세계 통화 보유액의 거의 60퍼센트를 차지한다. 미국 달러는 반세기도 더 전에 세계 기축통화가 되는 특권을 누렸다. 제2차 세계대전 이후 미국이 비소련권의 산업 생산 대부분을 담당하면서 달러가 국제무역, 송장 발행, 대출 등의 기본 교환 수단이 된 것은 당연한 결과였다. 브레턴우즈 협정(1944년)에 따라[1] 미국은 다른 나라 중앙은행이 가져온 달러를 고정환율로 금과 바꿔줄 것을 약속하면서 미국 달러를 통화의 표준으로 삼았다.[2]

그러나 1971년 당시 미국 대통령이던 리처드 닉슨은 미국 달러를 금으로 환전하는 것을 중단하고[3] 달러를 상품으로 뒷받침되지 않는 통화인 명목 화폐로 만들었다.[4] 그제야 미국 연방준비제도 이사회는 평가 절하된 달러라는 결과물을 다른 나라에 내보내면서 미국 국경 안에 있는 사람들의 이익을 위해 화폐 발행과 통화 정책에 개입할 수 있게 되었다. 닉슨 행정부의 존 코널리 재무장관은 당시 주요 10개국(G10) 재무장관들에게 "달러가 우리 미국 화폐이긴 하지만, 당신네 나라 문제죠"라고 말한 것으로 유명하다.[5]

2020년 미국이 전 세계 GDP의 '겨우' 25퍼센트만 차지했음에
도[6] 불구하고 달러의 지배력은 지금도 계속되고 있다. 미국이 전 세계
GDP에서 차지하는 비율과 전 세계 달러 보유액 59퍼센트 사이의 차
이인 34퍼센트는 미국의 '패권국 프리미엄'이라고 생각할 수 있다. 하
지만 그 프리미엄은 도전받고 있다.

전 세계 통화 보유액에서 미국 달러의 비중 대비
전 세계 GDP에서 미국 GDP의 비중[7]
2020년 기준

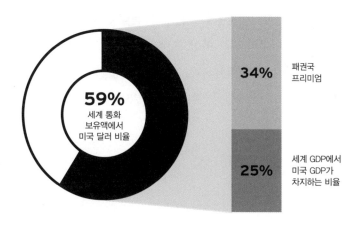

59%
세계 통화
보유액에서
미국 달러 비율

34% 패권국
프리미엄

25% 세계 GDP에서
미국 GDP가
차지하는 비율

출처: 국제통화기금(IMF), 세계은행
비고: 2021년 2분기 기준, 세계 통화 보유액에서 미국 달러가 차지하는 비중.

68

최대 교역국 자리를 빼앗긴 지 오래다

정치적 영향력에 기여하는 주요 요인으로 경제적 상호 의존을 꼽을 수 있다. 한때 미국은 대다수 국가의 최대 교역국이었지만 2000년 이후 중국이 미국을 대체하기 시작했다. 지금은 전보다 3배나 많은 국가가 미국이 아닌 중국을 최대 교역국이라 부른다. 이러한 추세는 아시아, 아프리카, 유럽 전역으로 중국의 경제적 연결고리를 확장하려는 야심 찬 구상인 일대일로 이니셔티브에 의해 주로 확대될 것이 분명하다. 이 계획은 세계 인구의 절반 이상과 세계 GDP의 3분의 1을 차지하는 71개 나라를 대상으로 한다.[1] 이것이 중국이 미국의 경제적 영향력을 압박하는 것처럼 들린다면 당신의 직감을 믿어라.

최대 무역 상대국 비중: 중국 대 미국[2]

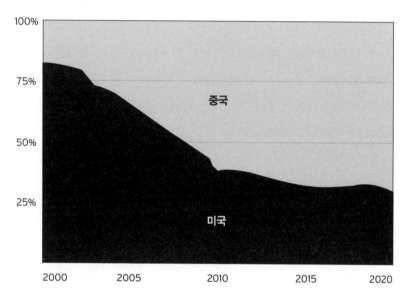

출처: 《이코노미스트》, IMF

69
—
군비의 가치가 떨어진다

절대적 수치로 봤을 때 미국 국방비는 전 세계 총국방비의 3분의 1 이상을 차지하며,[1] 중국, 인도, 러시아의 국방비를 모두 합한 금액보다도 많다. 그러나 달러가 모든 지역에서 똑같은 가치로 사용되는 것은 아니다. 경제학자가 국가 GDP나 생활 수준을 비교할 때, 지역별 물가 차이를 고려하는 것이 일반적이다. 이런 물가 차이에 대한 고려는 군비 지출에도 적용된다. 예를 들어 군인 인건비는 중국과 인도에서 훨씬 저렴하다. 이런 차이를 제대로 설명하지 못하면, 사람들이 미국의 힘에 대해 잘못된 확신을 가질 수 있다.

호주 웨스턴오스트레일리아대학교 경영대학원 학장이자 경제학과 교수인 피터 로버트슨Peter Robertson은 여러 나라의 상대적 물가 비율을 기준으로 군사구매력평가(MPPP) 환율을 만들어 나라별 국방 예산의 상대적 차이 문제를 해결했다.[2]

MPPP 수치를 적용하면 미국 국방비는 덜 압도적으로 보인다.[3] 명목 기준 중국의 국방비는 약 2,520억 달러로 미국의 3분의 1에 불과하다. 그러나 중국 국방비를 MPPP로 환산하면 미국 국방비의 3분의 2로 확 올라간다.[4] 이 수치만으로는 사이버 역량과 온갖 종류의 특수 작전이 엄청난 영향을 미칠 수 있는 현대 전쟁의 비대칭성이 설명되지 않는다. 요컨대, 군인 인건비와 장비가 더 저렴한 지역에서는 군비로 더 많은 것들을 살 수 있다.

국방비 지출[5]

■ 미국   ⊞ 중국   ■ 인도   ■ 러시아

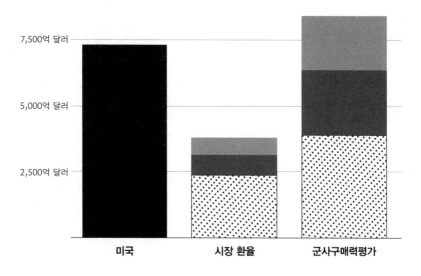

출처: 피터 로버트슨 교수

70

—

더 많이 쓰면서도 자주 진다

소련이 몰락한 후 미국은 독보적인 국방비 지출과 경제적 영향력을 결합해 싸우지 않고도 대부분 승리하도록 효과적으로 권력을 행사할 수 있었다. 그러나 "침묵이라는 시간의 포격"*은 이를 변화시켰고, 이제 미국은 막대한 예산에도 불구하고 이기지 못하면서 곳곳에서 싸우고 있는 것처럼 보인다. 아프가니스탄에서 미군이 철수한 사건은 잘 배치된 졸병이 왕을 쓰러뜨릴 수 있다는 사실을 놀라울 정도로 명확하게 보여주었다. 미국의 국방 예산이 엠파이어스테이트 빌딩만큼 높다면[1], 아프가니스탄 전체 GDP는 그 앞에 있는 가로등 정도의 높이이며, 탈레반의 수입은 소화전 크기 정도 될 것이다.

---

* 링컨이 1838년 1월 일리노이주 스프링필드 연설에서 표현한 말로, 시간이 지나면서 기억이 희미해진다는 의미를 비유적으로 나타낸다.

미국 국방비 지출 대비 아프가니스탄 GDP와 탈레반의 수입[2]

2020년 기준

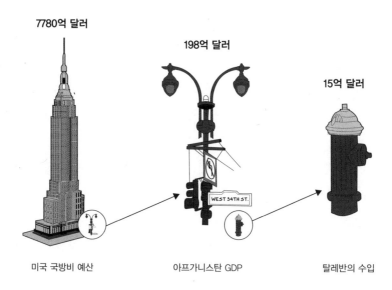

7780억 달러

198억 달러

15억 달러

미국 국방비 예산   아프가니스탄 GDP   탈레반의 수입

출처: 스톡홀름 국제평화연구소, 세계은행, BBC

71

—

중국산 드론 전쟁

미국의 경쟁국들은 군비 지출 외에도 그 지출의 결실인 국방 기술을 수출함으로써 권력을 얻는다. 국방 기술의 최전선에서는 무인 전투기가 전장을 재편하고 있으며, 중국이 탄약을 제공하고 있다. 지난 10년 동안 중국은 16개 나라에 220대의 드론을 제공했다.[1]

여기에는 여러 가지 함의가 있는데, 특히 군비 경쟁을 촉발하거나 광범위한 인권 유린의 가능성이 있다. 중국은 전 세계의 드론 판매장이 됨으로써 더 큰 규모의 경제를 실현할 수 있다. 중국산 드론 가격은 100만 달러에서 200만 달러 사이로 추정되는 반면, 미국산 드론은 1,500만 달러에 판매된다.[2] 게다가 이 드론으로 다양한 상황에서 자주 시험비행을 하게 될 것이고, 드론을 제조하는 중국 업체들은 그 경험에서 얻은 지식을 향후 드론 개발에 적용하여 효율성을 개선하고 비용을 낮출 수 있다.

미국산 대 중국산 전투용 드론의 수[3]

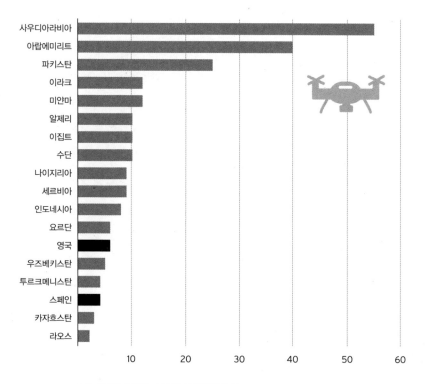

■ 미국이 공급한 드론　　■ 중국이 공급한 드론

출처: 블룸버그(원출처: 스톡홀름 국제평화연구소)

72

—

질병과의 전쟁에서 완패했다

미국이 엄청나게 많은 국방비를 지출하는데도 최근 닥친 역사상 가장 큰 위협으로부터 자국을 보호하기엔 역부족이었다. 그 위협은 탱크와 폭탄이 아닌 머리카락 굵기의 400분의 1에 불과한 적[1]으로부터 시작되었다. 미국에서 20세기에 발생한 전쟁 사망자를 모두 합한 것보다 더 많은 미국인을 죽인 전염병[2], 코로나19에 대응하기 위해 미국 질병통제예방센터가 활용한 예산은 국방비의 1퍼센트 정도에 지나지 않았다. 워런 버핏에서 제프 베이조스에 이르는 위대한 투자자와 CEO들은 기회를 포착하고 장기적인 성장을 보장하며 위험을 최소화하기 위해 자본을 할당하는 데 있어서 최고 수준이다. 정부도 마찬가지다. 미국 정부는 세계에서 가장 큰 자본 관리자 중 하나이다. 그럼에도 미국 정부는 국가를 하나로 묶는 결합 조직 역할을 하는 기관들에 대한 투자가 부족했다.

미국 국방성 예산 대비 질병통제예방센터 예산[3]

2021년 기준

7,040억 달러
미국 국방성

79억 달러 CDC
미국 질병통제예방센터

출처: 미국 국방성, 미국 질병통제예방센터

73

—

미국이라는 최고 브랜드가 녹슬고 있다

미국은 오랜 기간 세계적인 본보기가 되어 왔다. 민주주의와 자유 증진의 리더라는 명성을 쌓고 유지하는 것은 트루먼 대통령이 마셜 플랜을 통해 수사를 실천에 옮기기 훨씬 전부터 미국 외교 정책의 기본 요소였다. 심지어 로널드 레이건 대통령조차도 권력이라는 주먹은 악당이 아닌 영웅이 휘두를 때 가장 효과적이라는 사실을 알고 있었다. 1985년 레이건은 "자유와 민주주의를 증진하고 수호하는 것"이 미국의 "임무"라고 선언했고,[1] 민주주의 증진을 미국 외교와 대외원조의 중심으로 삼으며,[2] 과거 어떤 공화당 대통령보다도 더 많이 해외 원조를 늘렸다.

2000년에는 미국에 대한 국제적 정서가 호의적이었다. 영국 시민 10명 중 8명이 미국을 호의적으로 보았으며, 독일, 이탈리아, 그리고 지구 반대편 일본에서도 마찬가지였다. 그러나 미국의 대외 정책과 국내 분쟁으로 인해 미국의 브랜드 가치는 떨어졌다. 2020년 대부분 나라의 국민은 미국을 전처럼 호의적으로 보지 않았다. 많은 사람이 미국의 민주주의 자체가 뒤처졌다고 느꼈다. 선진국 국민 10명 중 약 6명은 미국이 민주주의의 좋은 본보기였지만 이제 더는 그렇지 않다고 생각한다.[3]

미국을 우호적으로 보는 인구 비율[4]

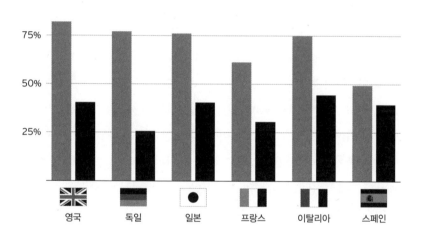

출처: 퓨리서치센터

74
—
R&D 경쟁력이 위태롭다

낙관주의야말로 미국이 지닌 강력한 힘의 원천이었다. 낙관적인 국가
는 미래에 투자한다. 1960년 미국은 전 세계 R&D 지출의 69퍼센트
를 차지하는[1] 최대 R&D 지출국이었다. 미국은 그 돈으로 기상 위성,
GPS, 인터넷, 드론, 가장 최근에는 M-RNA 백신을 개발하면서 스스
로 과학 및 기술 분야에서 세계적인 리더임을 보여주었다. 2013년 미
국 정부가 모더나에 2,500만 달러를 승인[2]할 때까지도 M-RNA 백신
은 검증되지 않았다. 거의 10년이 지나 백신을 5억 회분 정도 투여[3]한
후에 투자가 성과를 거두었다고 해도 과언이 아니다. 미국은 그 어느
때보다 많은 돈을 R&D에 쓰고 있지만, 다른 나라들 역시 좋은 연구가
가져오는 경쟁 우위를 인식하고 투자를 늘리고 있어서, 이제는 그 비
중이 세계 R&D 투자의 30퍼센트에 그친다.[4]

세계 R&D 지출에서 미국이 차지하는 비중[5]

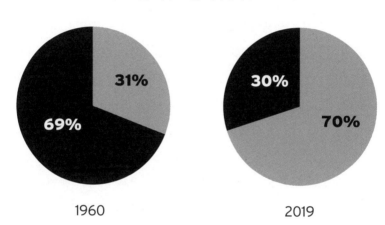

출처: 미국 의회조사국

비고: 공공 및 민간 R&D 지출 모두 포함.

75
—
중국 없이 청정에너지는 없다

많은 기업이 기후 변화라는 깃발로 몸을 칭칭 휘감고 있다. 그 가운데 대부분이 기업들의 요가배블일 수 있지만, 이는 청정에너지라는 거대하고 접근 가능한 시장과 앞으로 그 시장이 가져올 엄청난 잠재적 가치 아래 기업이 자리를 잡는 데 도움이 된다. 그리고 앞으로 수십 년 동안 청정기술 개발에 막대한 돈이 투입될 것이라는 데는 의심의 여지가 없다.

그러나 녹색 혁명이 숨기고 싶은 비밀 가운데 하나는 매우 지저분한 광물 추출이 필요하다는 사실이다. 희토류 금속, 코발트, 리튬 및 여러 광물은 배터리, 자석 및 기타 첨단 산업 응용 분야에 꼭 필요하다. 기술의 미래는 녹색이지만 또한 적색이기도 하다. 미국 땅에서 생산되거나 처리되는 청정에너지 광물은 거의 없다.[1] 이러한 필수 광물의 추출과 처리를 도맡아 하는 나라가 있으니, 바로 중국이다.

국가별 청정에너지 광물 정제 및 가공 정도[2]

2010년~2020년

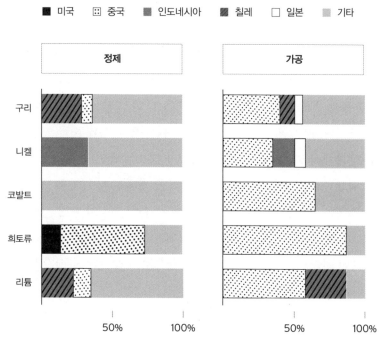

출처: 국제에너지기구International Energy Agency(IEA)

76

—

중국과 기업 경쟁이 치열해졌다

혁신 정신과 기업가 정신에 대한 미국의 찬양은 미국 기업들이 세계 시가총액 기준 상위 50대 기업 순위를 오랜 기간 차지하는 데 도움이 되었다. 지난 30년 동안 전 세계 50대 기업 가운데 미국 기업의 수는 30개에서 32개로 증가했다.[1] 그러나 대표성 측면에서는 중국이 가장 인상적인 성장을 보였는데, 같은 기간 세계 50대 기업에 포함된 중국 기업은 0개에서 8개로 늘어났다. 주로 유럽 기업이 빠진 자리를 중국 기업들이 차지했다.[2] 중국 내 부자의 비율 또한 급속도로 증가했다. 2021년 기준, 중국의 억만장자는 626명으로 2020년의 두 배가 넘었고, 쓰리콤마클럽* 회원이 724명인 미국과 거의 맞먹는다.

---

* 10억을 숫자로 쓰면 1,000,000,000으로 콤마가 3개 들어간다.

국적별 글로벌 상위 50대 기업의 수[3]

시가총액 기준

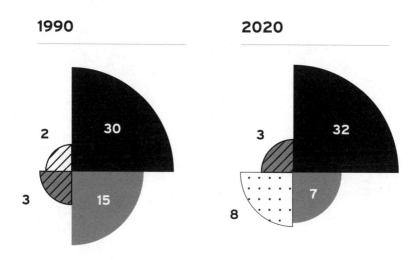

■ 미국　　⊡ 중국　　▨ 유럽, 중동, 아프리카(EMEA)

▨ 기타 아시아·태평양　　◪ 기타 아메리카

1990

2
30
3
15

2020

3
32
7
8

출처: 블룸버그

CHAPTER 8

혁신의 광풍

끔찍하게도 위기는 늘 발생한다.
하지만 경이롭게도 위기에는 언제나 끝이 있다.

생명체는 변한다. 생물을 단순한 물체와 구분해주는 특징은 성장하고 진화하는 능력이다. 유기체와 사회에 있어 정체란 죽음을 의미한다. 건강한 사회는 활기차고 역동적이며 모든 분야에서 아이디어와 혁신을 창출한다.

변화는 청년과 이민자, 그리고 산업과 조직에 새로 진입하는 이들에게 기회의 문을 열어준다. 내가 마흔이 넘어서까지 새롭고 독립적인 자동차 브랜드는 하나도 없었다. 자동차가 휘발유로 움직이고 프랜차이즈 딜러를 통해 판매되는 한 이 점은 변하지 않을 것 같았다. 그러나 이후 혁신가 세대가 전기로 달리는 자동차를 만드는 데 필요한 기술을 개발했다. 지금 나는 테슬라를 타고 있고, 리비안에 계약금을 걸어놨으며, 루시드를 주시하고 있다.

이 책의 첫 번째 장에는 변화에 관한 내용을 담았고, 나머지 장의 상당 부분에 이러한 변화가 우리에게 해를 입힌 방식을 기록하는 데 할애했다. 하지만 1980년대에 분출된 역동성에는 사실 긍정적인 측면도 있었다.

예를 들어 1983년 12월 31일 미국에는 모든 전자 통신은 근본적으로 단 하나의 통신 회사, 바로 AT&T가 통제했다. 법무부 반독점 부서의 10년에 걸친 노력 덕분에 1984년 1월 1일 미국 통신회사는 8개로 늘어났다.[1] AT&T는 장거리 전화 서비스를 제공했고, 전에는 자회사였던 7개의 다른 회사가 자신의 담당 지역에서 시내 통화를 처리했다. 이 신생 독립 기업들은 곧바로 시장에서 경쟁하기 시작했다. 수년간 통신 업계의 가장자리를 야금야금 차지하던 스프린트Sprint와 MCI는 장거리 사업을 경쟁력 있고 혁신적인 분야로 재탄생시켰다.[2] AT&T는 경쟁으로 인해 매출이 절반으로 줄었음에도 불과 5년 만에 R&D 예산을 30퍼센트나 늘렸다.[3] 1990년대 케이블 TV 회사와 신규 진입자들은 우리를 인터넷 시대로 이끌 첨단 네트워크에 수십억 달러를 모두 투자하고 있었다.

자본주의에는 실패가 만연한데, 바로 이 점이 자본주의의 가장 좋은 특징 가운데 하나이다. 식당 하나가 폐업하면서 발생하는 손실의 고통은 인근 주민들에게 더 좋은 것을 제공하기 위해 새로운 요리사가 마침내 가게를 임대해 개업함으로써 상쇄된다. 아파트 임대료 하락은 젊은 사람들이 도시로 이주해서 그들의 에너지와 아이디어를 더 큰 시장으로 가져올 수 있다는 점을 의미한다.

변화는 항상 위험을 수반한다. 역동적인 경제에서는 언제든지 축적한 자본을 잃을 수 있기 때문이다. 따라서 승자가 유리한 점수를 얻고 있을 때, 변화의 속도를 늦추고 공격에서 수비로 전환하려는 것은 자연스러운 일이다. 하지만 이런 방식은 근시안적이며 사회의 장기적인 건강에 해를 끼친다. 창조적 파괴의 돌풍이 불게 하라.

77

—

위기가 성장을 촉발한다

인류의 역사는 위기의 역사다. 오늘날 우리가 직면한 도전은 우리가 잃을 것이 얼마나 많은지를 잘 보여준다. 훨씬 암울한 시절도 있었지만 좋은 날은 항상 다시 오기 마련이다. 다시 빛이 비칠 때 고착된 이해관계나 오래된 사고로 인해 막혔던 길에 새로운 기회를 조명할 수 있다.

이는 인류 최악의 순간에도 마찬가지였다. 14세기 유럽에서 유행한 흑사병은 4년 만에 유럽 전체 인구의 3분의 1 정도인 2,500만 명 이상의 목숨을 앗아갔다.[1] 하지만 이 흑사병조차도 긍정적 측면이 있었다. 인구 감소가 1인당 소득 증가와 도시 생활로의 전환으로 이어지면서 도시 생활에 필요한 비 필수품의 초과 수요가 발생했다. 이에 따라 도시 규모가 커졌고, 오랜 기간 성장하지 못했던 유럽 경제의 엔진을 정비함으로써, 다음 세기에 활기를 가져왔다. 이 현상에 대해 연구자들은 전염병, 전쟁, 도시화를 '부를 이끄는 세 기수the three horseman of riches'라고 불렀다. 이 요인들이 장기적으로 도시 성장과 경제 활동을 촉진했기 때문이다.

흑사병이 유럽의 도시화율에 미친 영향[2]

1000년도 인구를 기준으로 지수화

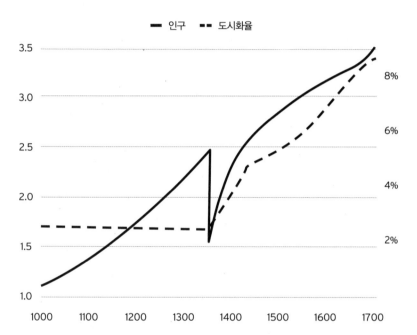

출처: 보이그랜더와 보스, 2009년 11월
비고: 인구 및 도시화 수치는 추정치임.

78
—
불황 속에서 가치가 재편된다

불경기보다 더 노동력이 진입하기 좋은 시기는 없다. 경제적 불안정으로 인해 우리는 미래에 대한 우리의 기대치를 재조정하고 진정한 가치를 어디에 둘 것인지 더 많이 탐구하게 된다. 이는 젊은이들이 취할 만한 훌륭한 관점으로, 불황이라는 환경이 전반적으로 신규 노동자들의 직업 만족도를 높이는 이유를 설명하는 데 도움이 된다. 에모리대학교 고이주에타경영대학원 에밀리 비안치Emily Bianchi의 연구에 따르면 경기가 보통 상황일 때 졸업한 학생들의 직업 만족도는 경기가 최상일 때 졸업한 학생들에 비해 10퍼센트 높았다. 경기가 최악일 때 졸업한 사람들의 직업 만족도는 경기가 최상일 때 졸업하는 것 대비 25퍼센트나 높았다. 직업 만족도가 높을수록 직장에서 동기 부여가 더 잘되기 때문에 생산성이 높아지고 급여가 올라간다.

최악의 경제 상황과 최상의 경제 상황에서
졸업이 직업 만족도에 미치는 영향[1]

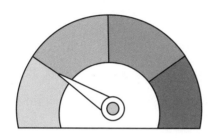

+25%

직업 만족도 증가

출처: E.C. 비안치, 2013년 10월

79

혁신의 광풍이 필요하다

2021년에 540만 건의 신규 사업 신청이 있었다.[1] 이는 2020년 440만 건보다 23퍼센트, 2019년 전체보다 35퍼센트 높은 수치다. 팬데믹 경제는 짧은 지속 기간이나 K자형 회복세*를 보이는 등 일반적인 경기 침체를 초래하지 않았으며, 몇 가지 요인으로 이 기간을 10년 만에 가장 창업하기 좋은 시기로 만들었다.

　엄청난 저축과 정부의 부양책, 기록적인 자산 가치 상승의 조합은 베이비붐 세대가 소비자 중심주의를 미덕으로 삼은 이래 우리가 그동안 보아온 그 어떤 것과도 다른 소비자 지출의 물결을 형성했다. 소비자와 기업 사이에서 현재 상황에 의문을 제기하고 새로운 제품과 서비스에 개방적인 태도를 보이는 현상이 증가했다. 그리고 대부분의 미국인에게 바이러스 면역이 생긴 것처럼 혁신적인 분야의 등장은 전통 산업을 혼란에 빠뜨렸다.

---

* 보통 경제 회복은 경기 하락이 급격하게 나타났다가 급반전되는 V자형이나 일정 기간 침체하다가 반등하는 U자형으로 나타나지만, 임금과 교육 수준, 인종 등에 따라 경기 침체에서 벗어나는 속도가 다를 경우 K자형으로 나타난다.

물론 신규 사업 신청은 실제 사업 창출 정도를 측정하기 위한 대리 지표로서 미래 지향적 지표일 뿐, 사업을 신청했다고 모두 본격적인 비즈니스로 이어지지는 않는다. 그래도 이 지표는 여전히 낙관적인 측면을 잘 보여준다.

미국의 신규 사업 신청 건수[2]

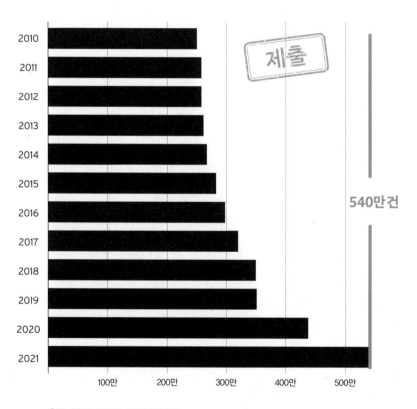

출처: 미국 인구조사국 사업체 형성 통계

80

—

이민자 없이는 기회도 없다

우리는 새로운 비즈니스 형성의 호황기에 있다. 많은 사람이 코로나19라는 세계적인 전염병이나 이민자들의 놀라운 노동이 없었다면 결코 이를 시작하지 못했을 것이다.

지난 30년 동안 미국으로 이민을 온 사람들은 미국에서 태어난 시민보다 더 높은 비율로 사업을 시작했다.[1] 2020년 이민자 중 신규 창업자 비율은 0.59퍼센트로 미국 출생자 비율의 거의 2배에 달했다.[2] 구글, 이베이, 페이팔, 테슬라를 포함해 기술 분야에서 가장 중요한 몇몇 회사는 이민자들이 창업 혹은 공동 창업했다.

새로운 나라에서 기회를 잡은 이민자라면 새로운 사업에서도 기꺼이 위험을 감수할 것이라는 사실은 일리가 있다. 노동에서 기업 운영에 이르기까지 이민자들은 미국 경제의 활력소다. 이민자를 유치하고 유지하지 못한다면 미국은 많은 기회를 놓치게 될 것이다.

첫 사업을 시작한 성인 비율[3]

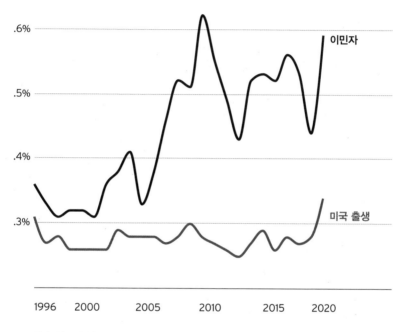

출처: 카우프만재단Kauffman Foundation

81

아메리칸드림은 끝나지 않았다

걱정에서 해방되는 것은 좋은 일이다. 우리는 이런 종류의 자유를 당연하게 여기지만, 난민들은 그 자유를 얻기 위해 등에 아기를 업고 손에는 다른 아이를 붙잡은 채 고국에서 탈출한다.

　미국에서 이들을 기다리고 있는 수많은 역경에도 불구하고 놀라울 정도로 많은 난민들이 상위 계층으로 이동한다. 미국에 정착한 후 처음 몇 년 동안 난민 가구의 중위소득은 2만 2,000달러에 조금 못 미치는 수준이다. 그러나 미국에 체류하는 시간이 길어지고 기회가 많아짐에 따라 소득도 늘어난다. 미국에서 25년 이상 거주한 난민들의 평균 가계 소득은 6만 7,000달러에 달하는데, 이 금액은 전체 인구의 평균 소득인 5만 3,000달러보다 현저히 높다.

미국 체류 기간별 난민 가구의 중위소득 증가[1]

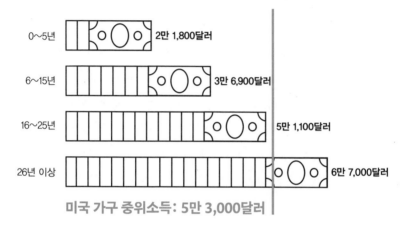

0~5년	2만 1,800달러
6~15년	3만 6,900달러
16~25년	5만 1,100달러
26년 이상	6만 7,000달러

미국 가구 중위소득: 5만 3,000달러

출처: 새로운 미국 경제New American Economy, 미국 지역사회조사(ACS) 2011~2015년

82
—
금융 소외 계층을 포용하라

은행 서비스에 접근하는 데서 생기는 불평등은 세계적인 문제다. 전세계 성인의 거의 3분의 1인 17억 명이 은행 계좌가 없다.[1] 콜롬비아, 나이지리아, 파키스탄을 포함한 몇몇 국가에서는 은행 계좌가 없는 성인이 전체 인구의 50퍼센트가 넘는다.[2] 미국에서 은행 계좌가 없는 가구는 전체의 5.4퍼센트로 약 719만 가구다. 이는 경제적 문제를 넘어서 사회적 문제로, 금융 제도로부터 배제된 사람들은 지역사회 구조에서도 배제된다.

은행 혁신가들에게 이것은 기회이다. 아르헨티나의 핀테크 스타트업 기업인 울라Ualá를 예로 들어보자. 불과 4년 만에 아르헨티나 전체 인구의 9퍼센트[3]에 해당하는 400만 명이 넘는 사람이 이 회사에서 계좌를 개설했으며,[4] 현재 18세에서 25세 사이의 25퍼센트 이상이 온라인 지갑인 타르제타 울라를 보유하고 있다.[5]

여기에서 여러 이해관계자를 위한 엄청난 가치가 창출되고 있다. '금융 포용Financial Inclusion'은 중산층을 강화하며 민주주의를 위한 견고한 기반을 구축한다.

성인의 절반 이상이 은행 계좌가 없는 국가[6]

2017년 기준

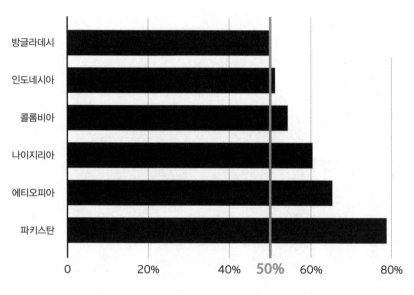

출처: 글로벌 핀덱스 데이터베이스

CHAPTER 9

가능한 미래

미래를 예측하는 가장 좋은 방법은
미래를 만드는 것이다.

미국이 어느 방향으로 나아갈지는 실리콘의 전도율이나 북극 해빙의 깊이에 달려 있지 않다. 미국의 미래는 미국 국민에게 달려 있고, 그들이 내일 그리고 모레 무엇을 하는지에 달려 있다. 지금 주목해야 할 것은 가능성의 범위다. 미국은 과거 어느 때보다 인구가 많고, 강력하며, 서로 연결되어 있다. 미국인이 하는 행동이 미칠 잠재적 영향의 범위는 적어도 1945년 또는 1980년 이후 그랬던 것처럼 오늘날에도 무궁무진하다.

소셜 미디어가 초래한 변화가 대단하게 느껴지지만 사실 우리가 온라인 생활을 시작한 지는 이제 겨우 10년이 조금 넘었다. 변화의 가속도는 우리에게 유리할 수도 있고 불리할 수도 있다. 1990년대 후반, 마이크로소프트는 그 당시의 AT&T만큼 거대했다.[1] 마이크로소프트는 자사의 힘을 사용해 경쟁을 억누르고 통제할 수 없는 혁신을 제한하는 것으로 악명 높았다. 한 기술 잡지는 빌 게이츠가 〈스타트렉: 넥스트 제너레이션〉에 나오는 기계집단 세력 보그의 일원으로 등장하는 표지를 실었다.[2] "저항은 소용없다. 넌 결국 동화될 것이다"라고 말하는 차세대 보그와 그 이미지는 인터넷 최초의 밈 가운데 하나가 되었다. 마이크로소프트는 정부의 주요 반독점 소송을 막아냈지만,[3] 회사의 지배력은 지속되지 않았다. 애플의 부활, 구글의 부상, 그리고 10여 개의 새로운 강자가 등장한 지 불과 몇 년 만에 마이크로소프트는 여전히 거대하긴 하지만 수많은 기업 중 하나가 되었다.

트렌드는 방향을 놀라운 속도로 바꿀 수 있으며, 경제나 문화가 어떤 방향으로 설정되든 결국 다른 곳으로 흘러가는 경우가 더 많다. 이번 장에서는 기술, 경제, 정책이라는 다양한 렌즈를 통해 가능한 미래를 제시한다. 모든 긍정적 예측과 마찬가지로 번영은 기술, 경제, 정책이 촉진하는 소통에 달려 있다.

83

—

미국의 돈놀이가 계속될까

정부는 보통 세금을 올리거나 부채를 발행해서 얻은 돈으로 물건값을 지급한다. 그러나 자금을 조달하는 또 다른 독특한 방법을 가지고 있다. 바로 돈을 찍어내는 것이다. 실제로 인쇄한다는 게 아니라 채권 판매와 회계 처리상 교묘한 속임수 등을 포함하지만, 최종 결과는 불로소득으로 결국 같다.

통화 공급 증가가 인플레이션으로 이어질 것이라는 우려 때문에 정부는 전통적으로 이 방식을 적극적으로 사용하지 못했다. 그러나 일부 경제학자들은 이런 두려움이 정당하지 않다고 생각하고 정부가 흔쾌히 돈을 발행해야 한다고 말한다. 정부의 일자리 보장 및 다른 조치들과 결합해서 이 철학은 '현대 통화 이론'으로 알려져 있다. 이상적으로는 새로 발행된 돈이 생산적인 경제 활동에 연료를 공급해 인플레이션을 상쇄하는 가운데 추가 발행된 현금을 흡수하기에 충분한 가치를 창출한다.

위기는 혁신을 부추긴다. 최근 수십 년 동안 미국 정부는 2008년 금융 위기와 코로나19 팬데믹 이후 이렇게 두 번, 공격적으로 통화 공급을 확대했다.[1] 단기적으로는 효과가 있었던 것으로 보인다. 코로나19

로 인한 경기 침체는 예상보다 짧았고 심하지 않았다. 그러나 회복에는 인플레이션을 동반했다.[2]

정부가 돈을 찍어내는 것은 고치기 힘든 습관이다. 이번이 미국이 하는 마지막 돈놀이는 아닐 것이다. 경제에 기꺼이 돈을 쏟아부어야 소득 상승을 만들어낼 수 있다.

통화 공급량[3]

광의 통화(M2) 기준

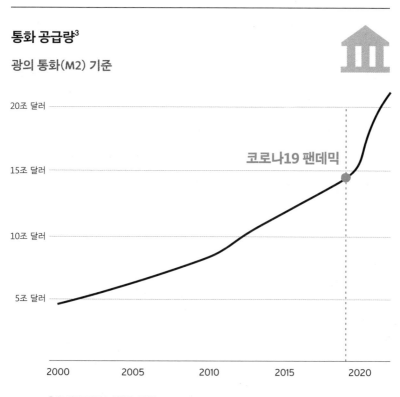

출처: 세인트루이스 연방준비은행

비고: M2는 연방준비제도가 미국 통화 공급량을 측정하는 주요 척도로, 유동 통화인 M1(협의 통화)과 10만 달러 이하의 저축성 예금, 소매금융시장 뮤추얼펀드 주식 등을 포함함.

84
—
초인플레이션이라는 망령

경제 상황을 괴롭히는 망령 중 하나는 초인플레이션이다. 중앙은행 직원들은 사람들이 빵을 사려고 현금이 가득 든 손수레를 밀며 독일 바이마르 거리를 지나가는 악몽을 꾼다. 급격한 인플레이션은 복합적인 요인으로 발생하지만 가장 악명 높은 장본인은 과도한 돈을 찍어내는 정부다. 통화 공급을 늘리면 통화 가치가 떨어지고 정부는 더 많은 돈을 찍어내야 하며, 결국 통화 가치가 더 떨어진다. 제1차 세계대전 이후 독일에서는 애피타이저를 먹고 식사를 한 뒤 디저트를 먹으려고 메뉴판을 다시 보면 이미 가격이 달라져 있을 정도로 물가가 급격하게 상승해서 식당들은 메뉴 인쇄를 중단했다.[1]

　미국에서도 이런 일이 일어날까? 미국 정부는 코로나 불황에서 벗어나기 위해 전례 없이 많은 자금을 투입했다. 효과는 있었지만 문제를 해결하기 위해 현금을 찍어내는 습관은 고치기 어렵다. 2021년 말까지 인플레이션이 증가하고 있다는 사실도 명확해졌다. 사실 약간의 인플레이션은 그다지 나쁘지 않다. 심지어 채무자에게는 긍정적인 측면도 있는데, 돈의 가치가 떨어지면 부채의 가치 역시 떨어지기 때문이다. 하지만 초인플레이션은 경제를 파괴한다.

현대 경제는 초기 산업 사회가 겪었던 것과 같은 방식으로 이러한 위험에 노출되지 않을 수 있다. 분명히 미국의 정치 환경이 불리해 보여도 1920년대 독일과는 전혀 다르다. 그 당시 독일은 배상금을 요구하는 프랑스군에게 점령당했고[2] 수백 건의 정치적 암살을 목격했다.[3] "이번에는 다르다"라는 말은 잘 알려진 유언이기도 하다.

바이마르 공화국 시절 독일의 초인플레이션[4]

연간 물가 상승률, 로그 스케일

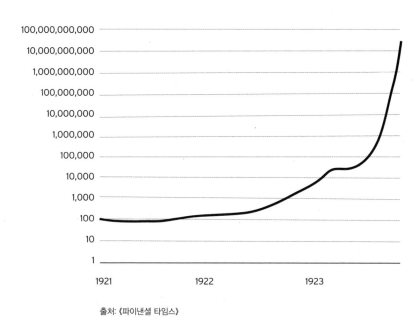

출처: 《파이낸셜 타임스》

85

좌우 모두 사회안전망에서 답을 찾는다

내가 살아온 대부분의 시간 동안, 정부의 사회 서비스는 미국 정치를
양쪽으로 나누는 구분선 역할을 해왔다. 좌파는 더 많이 쓰기를 원했
고 우파는 덜 쓰고 싶어 했다. 그러나 2008년 금융 위기 여파로 인한
우익 포퓰리즘의 부상과 현재 겪고 있는 코로나19로 인해 공공 복지
에 대한 투자 의지가 강해졌다는 징후가 나타난다.

정치적 파벌 다툼은 늘 사회안전망 투자를 저해한다. 민주당은 트
럼프 대통령의 '인프라 주간'˙˙이 현실이 되는 것을 막기 위해 인프라 예
산 법안 통과를 서두르지 않았다. 2020년 트럼프가 재선에 실패한 후
공화당은 갑자기 실제 인프라 법안에 반대표를 던졌다.[1] 그러나 예상대
로 부양책은 아동 세액 공제 확대와 마찬가지로 유권자들에게 인기가
있었다. 오바마케어 역시 인기가 높으며, 오바마케어라는 이름을 언급
하지 않고 실제 조항만 두고 조사하면 더 인기가 많다.[2] 비록 국민에게
GDP의 20퍼센트에서 30퍼센트를 지출하는 서유럽 국가들[3]보다는 여

˙ 트럼프 행정부는 2017년 6월 첫 '인프라 주간'을 선언하면서 기반 시설 예산 처리를 그 주 안에 마
치겠다고 공언했다.

전히 뒤처져 있지만, 최근 몇 년간 미국의 사회적 지출은 증가했다.

처음으로 미국은 취약한 사회안전망 개선에 필요한 정치적 원자재를 갖게 될 수도 있다. 이 작업이 효과적으로 이루어지면 조기 교육, 실직 방지, 아픈 사람과 장애인 및 노인 돌봄에 대한 투자는 큰 경제 효과를 낼 것이다. 위험은 자본주의적 성취의 핵심 요소이지만, 사업 실패가 집이나 의료 서비스를 잃는 것을 의미한다면, 우리는 당연히 위험을 더 회피하게 된다.

GDP 대비 사회적 지출이 차지하는 비중[4]

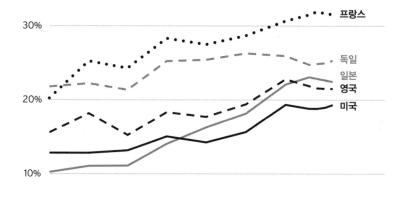

출처: OWID(원출처: OECD 자료)

86

—

관료 좀비를 경계하라

사회적 지출은 자본주의로부터 소외된 취약계층을 보호하며 더 정의로운 사회를 건설해 우리를 구제한다. 어쨌거나 사회적 지출은 논쟁거리다. 사회적 지출의 단점은 정부를 빚더미에 앉히며 시장 세력에서 고립된, 비효율적인 행정 좀비로 만들 수 있으며, 최악의 경우 혁신의 불꽃을 완전히 꺼뜨릴 수도 있다. 1980년에서 2020년까지 지난 41년 가운데 28년 동안 미국 경제가 유럽보다 더 빠르게 성장했다는 점을 고려하면,[1] 유럽이 사회적 지출에 전념한 사실을 마냥 무시할 수는 없다.

분명히 밝히지만, 나는 노동자들이 굶어 죽는 것을 두려워할 때만 생산적으로 바뀐다고 믿는 사람이 아니다. 그것은 부도덕하고 완전히 잘못된 생각이다. 경제적 불안은 에너지와 효율성에 박차를 가하기는커녕 오히려 저해한다. 가난해본 적이 없는 사람만이 가난한 사람들이 더 많은 것을 빼앗겨야 더 열심히 일한다고 생각한다. 하지만 사회 안전망이 제대로 작동하려면 사회적 지출이 관료주의에 낭비되어서는 안 되며 효율적으로 이루어져야 한다. 계층 이동이 여전히 가능하며 위험이 여전히 보상되는 사회적 분위기에서 실행되어야 한다.

연간 GDP 성장률 차이[2]

미국 성장률 - 유럽 성장률

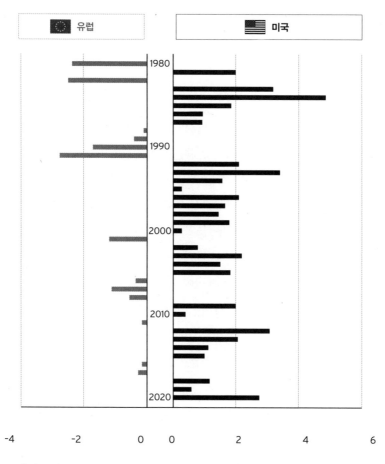

출처: 세계은행 데이터에 대한 G 교수의 분석

87

메타버스 네이티브가 만드는 세상

글로벌 대기업은 이름을 바꾸는 일이 흔치 않기 때문에 페이스북이 메타로 사명을 바꾼 것은 기술 커뮤니티가 메타버스에 대해 진지하게 생각하고 있다는 강력한 신호였다. 메타는 전적으로 비트로 구성된 경제적·사회적 세계를 구축하기를 원한다. 안 될 이유가 없지 않은가? 빅테크 기업의 미래 수익은 경쟁에서 이기는 데서 나오지 않는다. 빅테크 기업의 기회는 우리가 하루 중 스크린 앞에서 보내지 않는 소중한 몇 시간을 훔치는 데서 나온다. 아직까진 그렇게 하지 못했다. 그래서 그들은 우리가 결코 오프라인 세상에 있지 않을 미래를 홍보한다.

　나는 회의론자다. 많은 과대광고가 가상 현실을 전제로 하는데, 이는 늘 현실이 되기 어려운 헛수고에 가까운 기술이다. 접속 가능 여부는 제쳐두더라도, 우리를 기술적으로 지배하려는 사람을 제외하고 종일 인터넷 세상에서 사는 것이 좋은 아이디어라고 생각하는 사람이 있을까? 분노와 두려움을 유발하는 콘텐츠, 가짜 뉴스, 다단계 사기, 피싱 공격, 우리의 모든 움직임을 감시하는 추적기…, 우리가 사용하는 기기의 네 모서리가 적어도 지금 이 세상을 제한한다. 중국 정부는 시민들의 하루하루를 감시하기 위해 수십억 달러를 쓰고 있다.[1] 메타버스 미래에서 우리는 우리를 감시하는 장비를 사고 감시당하는 특권을 위해 한 달에 14.99달러를 지불하게 될 것이다.

그러나 한 가지 낙관할 이유가 있다. 바로 지금 자라고 있는 메타버스 태생인 우리의 아이들이다. 요즘 아이들은 마인크래프트Minecraft와 로블록스Roblox에서 무언가를 만들고 친구를 사귀며, 들어보지도 못한 다양한 플랫폼들을 사용한다. 아마도 이런 경험들은 그들에게 이 무슨무슨 "버스"보다 덜 짜증 나는 메타버스를 구축할 수 있는 여력을 제공할 것이다. 한번 지켜보자.

로블록스 및 마인크래프트의 월간 예상 활성 사용자 수[2]

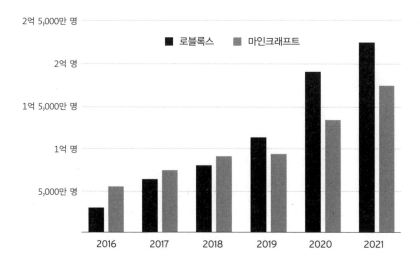

출처: 백링코Backlinko, 액티브플레이어Activeplayer.io, 스타티스타

88

—

물리적 제약이 사라진 세계

코로나19는 흩어짐이라는 공통 주제로 기존의 트렌드를 가속화했다. 기술의 결합력은 사람들을 더 멀어지게 하는 역설적인 효과가 있다. 잘만 다룬다면 이런 대규모 분산은 우리가 가진 자원을 보다 효율적으로 재구성할 수 있는 시작점이 될 수 있다.

비트 기반의 일자리에 종사하는 사람들에게 이는 고용기회가 전 세계로 확대됨을 의미한다. 사무실 공간은 의미 있는 상호 작용에 중점을 둔 기업이 지역에 구애받지 않고 팀을 구성할 수 있는 유연성을 제공하도록 바뀔 것이다. 또한 더 많은 일이 비트 기반이 될 것이다. 의료 분야는 희소한 기술을 보다 효율적으로 사용하고 소외된 지역도 보살피는 원격 서비스를 제공하는 방식으로 급격하게 전환될 것이다. 물리적인 공간 제약 때문에 등록을 제한하던 교육기관은 학급 규모를 두세 배로 늘릴 수 있으며, 학교 캠퍼스와 여러 온라인 수업으로 학생들을 재배치할 수 있고 위성 캠퍼스를 열 수 있다.

또한 우리는 운송에 투자해서 물리적 제약을 최대한 벗어날 것이다. 바로 초음속으로 대륙을 횡단하며 도시를 가로지르는 사람들, 그리고 문 앞까지 빠르게 배달되는 상품들을 말한다.

2025년 원격으로 일할 예정인 작업 팀의 비율[1]

팬데믹 이전과 비교

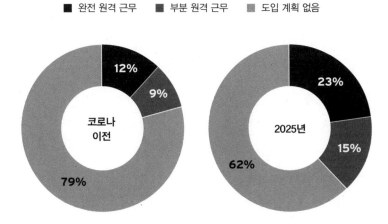

■ 완전 원격 근무　　■ 부분 원격 근무　　■ 도입 계획 없음

코로나
이전

12%

9%

79%

2025년

23%

15%

62%

출처: 스타티스타, 업워크Upwork(원출처: 2020년 10월 21일에서 11월 7일까지 실시한 설문조사)

89

—

외로움, 새로운 질병이 되다

코로나19가 촉발한 흩어짐에는 어두운 측면이 존재하는데, 적절한 노력이 따르지 않는다면 더욱 심화될 것이다. 직장에서 일하면서, 여가 시간에, 식료품 쇼핑 같은 간단한 일을 하는 동안 사람들과의 접촉을 끊을 때 우리는 이기주의로 더 깊이 파고들 위험에 처하게 된다. 우리는 고립이 아니라 만남을 통해 관용을 배우며, 공동체를 연결하는 결합 조직은 와이파이를 통해서는 제대로 성장하기 어렵다.

우리는 온종일 우리가 사용하는 기기에 종속된 채로 망을 통제하는 사람들의 손바닥 위에 놓이게 되었다. 하지만 이러한 통제자들도 전제 정치에 밝은 사람들에 대한 실적은 좋지 않다. 우리는 불안해하고, 지나치게 스트레스를 받으며, 노트북 앞에서 웅크리고 있다. 친밀한 관계도 줄어들고 있다. 30년 전에 비해 사람들은 친한 친구가 적다고 말하며, 남성의 15퍼센트와 여성의 10퍼센트는 친한 친구가 전혀 없다고 말한다. 미국의 공공 및 공유 공간은 쇠퇴하거나 사유화되어 부유한 소수의 놀이터가 될 위험이 있다.

혁신을 통해 우리에게 집에서 일, 삶, 놀이까지 모두 가능한 디스토피아를 제공하는 가장 부유한 억만장자들은 161만 킬로미터나 멀리 떨어져 있을 것이다. 말 그대로 그들은 뜻밖의 횡재를 얻어 달 기지와 화성 휴가지에 투자한다. 나는 그들의 비전이 실현되지 않을 것이라고 생각한다. 화성은 매우 춥고, 공기가 없으며, 방사선이 나오는 암석 덩어리다. 그러나 미국의 억만장자 계층은 다음 세대를 정복하겠다는 헛된 시도로 우리 시대의 번영을 불태워버릴 만큼 오만하다.

교우 관계의 감소[1]

다음과 같은 수의 친한 친구가 있다고 보고한 미국인 비율(친척 제외)

출처: 미국인의 인식 설문조사, 2021년 5월, 갤럽 1990년
비고: 반올림으로 인해 수치의 합이 100%가 되지 않을 수 있음.

CHAPTER 10

새로운 질서

누구든지 대등한 경쟁, 공정한 시작,
위험을 감수하는 것에 대한 안전을 요구할 수 있으며 그래야 한다.

때때로 나는 기술이나 기업, 사회의 문제에만 집중할 뿐 해결책은 제시하지 않는다는 비판을 받기도 한다. 사실일 수도 있지만, 말하고 싶은 것이 두 가지 있다.

먼저 이런 문제들은 일정 부분은 알아채거나 깨닫지 못하는 데서 비롯된다. 내가 속한 경제적 성공을 이룬 집단은 성공에 대한 본인의 기여를 과대평가한다. 사회는 우리가 좋은 집과 멋진 차를 가졌다는 사실이 우리가 열심히 일하고 재능있는 사람임을 의미한다고 이야기해왔다. 왜 우리는 이 점을 지적해야 할까? 그 이면도 사실이기 때문이다. 운이 나빴고 기회를 잡아본 적도 없는 사람들에 대해 우리 사회는 그들이 근성과 야망이 부족해 실패한 것이라고 말한다. 나는 불평등한 사회 전반에 드리워진 과대광고의 베일을 걷어내는 것만으로도 그 불평등을 일부 해결할 수 있다고 생각한다. 가끔 나쁜 부류가 있기는 하지만 내 경험상 사람들은 대부분 착하고 옳은 일을 하고 싶어 한다. 나쁜 의도가 있어서라기보다 그저 틀린 탓인 경우가 많지만, 결과는 같다. 미국은 막강한 부와 성취를 이룬 나라지만, 만성 질환 때문에 파탄에 이를 수 있다. 그래서 내 목표는 미국을 여기까지 이끈 원동력이 무

엇인지 새롭게 평가하는 것이다. 이때 더 관점이 명확할수록 우리가
나아갈 방향을 바꾸는 데 도움이 될 것이다.

둘째, 솔직히 말해 상황이 너무 안 좋다. 실제보다 부풀려진 자산
가치에서부터 돌이킬 수 없는 기후 변화, 정부 체제에 대한 무장 공격
에 이르기까지 위험을 알리는 계기판이 빨간색으로 깜빡거리며 점점
더 악화되고 있다. 미국이 직면한 위험을 지적하며 평생을 보낸다고
해도 절대 자료가 부족할 일은 없을 것이다.

그렇긴 하지만, 제대로 굴러가고 있는 것도 많고, 미래가 기대되
는 점도 있으며, 나를 비판하는 사람들의 말에도 일리가 있다. 클린턴
대통령은 첫 취임 연설에서 "미국에 올바른 것으로 고칠 수 없는 미국
의 잘못은 없습니다"[1]라는 유명한 말을 했다. 이것은 1981년 레이건의
"미국이 할 일"에 대한 연설과 일맥상통하는 듯 보인다. 비슷한 맥락
에서 몰락한 노조에 대한 링컨의 연설이나 대공황 시절 프랭클린 루스
벨트 대통령이 한 발언과도 잘 어울리는 듯하다. 이들은 요즘 내가 깊
게 신뢰하는 말이다.

무엇보다도 미국을 '치료'하는 것이 중요하다. 이 신념은 책 전반
에 함축되어 있지만, 여기에서 분명히 밝히고 싶다. 비록 시대에 뒤떨
어졌지만 나는 여전히 미국 예외주의자다. 미국은 낙관적인 사람들과
혁신적인 사람들에게 등대가 되는 "언덕 위의 도시"라는 점에서 특별
하다. 물론 미국이 완벽하다는 말은 아니다. 그러나 민족국가나 정복
국가가 아니라, 이상을 기반으로 세워진 국가인 미국은 특별한 가능성
을 품고 있다고 생각한다.

미국은 무자비한 자본주의와 탄탄한 중산층 사이의 균형을 맞추

어 나갔을 때 이상을 실현하는 데 가장 근접했다. 이 책의 핵심은 그 과정에서 벗어나 표류하고 있는 미국이다. 내가 제안하는 목표는 우리를 다시 그 올바른 지점으로 돌려놓는 것이다.

90

—

세법을 간소화하라

세금 체계를 단순화하자는 아이디어는 모든 미국인이 보편적으로 지지하는 유일한 정책일 것이다. 하지만 세법은 점점 더 복잡해지고 있다. 1955년 미국 내국세입법은 40만 9,000개의 단어로 구성되었지만, 오늘날에는 약 400만 개로 늘어났다.

세법이 복잡한 것 그 자체가 가난한 사람들에게는 세금 부담으로 이어진다. 부유한 사람들은 시스템을 정복하고 세금을 최소화하기 위해 소규모 민병대, 전문가 집단을 고용한다. 하지만 일반적인 사람들은 부유층에게 유리한 세금 회피책을 이용할 수 없으며, 이런 방법을 이용하는 데 필요한 비싼 상담 역시 감당하기 어렵다. 세금이 복잡하면 일반인들은 엄청난 시간을 소비하게 된다. 2012년 국세청의 납세자 보호담당관은 미국의 모든 납세자가 세금을 처리하는 데 총 61억 시간이 걸렸다고 추정했다.[1] 독일, 일본, 노르웨이, 스웨덴을 포함한 36개 나라에서 정부가 세금을 계산하고 납세자에게 미리 작성된 영수증을 제공하는 방식[2]과 비교해보라.

우리는 동일한 정의로 세법을 개정하고 가계에 높은 표준 공제를 할 수 있도록 항목별 공제를 없애야 한다. 개인은퇴연금계좌에서 커버

델교육저축계좌에 이르는 세금 절감 프로그램도 하나의 간단한 목표, 즉 개인 저축에 대한 이중과세를 피함으로써 개인 저축을 장려한다는 목표를 위해 통합해야 한다. 또한 자산 매각으로 벌어들인 소득에 부여하는 세제 혜택을 끝내야 한다. 땀은 돈(그리고 돈을 벌어들이는 돈)보다 더 귀하다.

미국 세법의 단어 수[3]

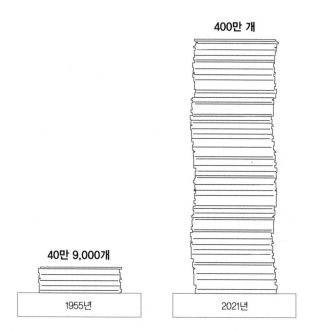

400만 개

40만 9,000개

1955년

2021년

출처: 미국 국세청, 미국 조세재단, 전미납세자연맹

91
—
규제 시스템을 재건해야 한다

미국의 규제 시스템은 자금이 부족하고, 규제 기관은 소비자 지출과 활동을 저해하는 산업을 보호하는 기관에 비해 수적으로 열세다. 그 결과 노동자와 가족을 보호하기엔 비효율적인 시스템만이 우리에게 남아 있다.

이 문제를 해결하려면 독점이 혁신과 경쟁을 억압하지 못하도록 공정하고 효율적인 행정에 재투자해야 하며, 개인과 중소기업에 안전과 회복력을 제공해야 한다.

미국 법무부와 연방거래위원회의 관할 아래 있는 아마존과 페이스북은 2020년 로비에 각각 1,800만 달러와 2,000만 달러를 지출했다.[1] 아마존이 로비에 사용하는 비용은 빠른 속도로 늘어나 2012년 이후 460퍼센트나 증가했다.[2] 아마존에는 현직 미국 상원의원 수보다 많은 상근 로비스트가 근무하고 있다.[3]

빅테크 기업만이 아니다. 전 세계 상위 6개 석유 회사인 빅오일Big Oil 기업은 자사의 사업이 기후에 미치는 영향을 은폐하기 위해 수백만 달러를 쓴다. BP, 셰브론, 엑손모빌, 셸은 2011년부터 연방 로비에 총 3억 7,470만 달러를 지출했다.[4] 한편, 환경보호청의 집행 자금과 직원

수는 2006년 이후 계속 감소하고 있다. 우리는 규제 기관, 특히 우리가 공유하는 환경을 보호하는 기관에 재투자해야 한다.

미국 환경보호청의 예산 및 인력[5]

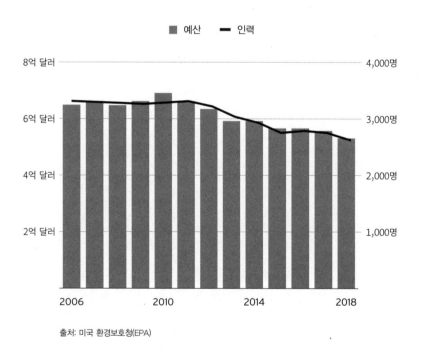

출처: 미국 환경보호청(EPA)

92
—
촉법 기업을 이대로 둘 수 없다

규제는 불법 행위로 인해 얻은 이익이 불법 행위로 인한 처벌과 적발 확률을 곱한 값보다 적을 때만 효과가 있다. 빅테크 기업의 경우 이 공식 근처에 가지도 못한다. 2019년에 연방거래위원회는 페이스북에 소비자 개인정보 침해 혐의로 사상 최대 금액인 50억 달러의 벌금을 부과[1]해 신문의 헤드라인을 장식했지만, 이는 페이스북 연 매출의 7퍼센트에 불과했다.[2]

물론 회사가 잘못한 일을 적발하긴 했지만 … 그건 중요하지 않다. 벌금은 고작 몇 주간의 현금 흐름에 해당한다. 연방거래위원회가 한 일이라고는 엄격하게 법을 적용했다는 환상을 만들어낸 것뿐이다. 누군가가 체포되어 기소되기 전까지 변하는 것은 아무것도 없을 것이다.

한번 생각해보자. 2021년이었다면 마이클 밀켄[*]이 연방 교도소에서 10년형을 선고받았을까? 정부가 마크 저커버그에게 한 조치 결과를 근거로 본다면 그렇지 않을 가능성이 크다. 저커버그는 계속해서

---

[*] 1990년 주가 조작 혐의로 증권거래위원회로부터 징역 10년, 벌금 6억 달러, 증권 업계 영구 퇴출 선고를 받았다.

페이스북이라는 암 덩어리에 립스틱을 마구 바르고 있다. 계속되는 체계적인 위법 행위에 대해 금전적 불이익을 당할 때까지 우리는 페이스북이 일으키는 위기에 반창고를 붙이는 것 말고는 아무것도 볼 수 없을 것이다.

미국 연방거래위원회가 페이스북에 부과한 벌금 대비 시가총액 및 수익[3]

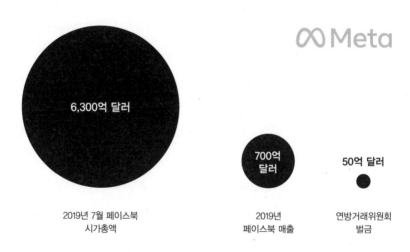

6,300억 달러

700억 달러

50억 달러

2019년 7월 페이스북
시가총액

2019년
페이스북 매출

연방거래위원회
벌금

출처: 시킹알파Seeking Alpha, 미국 연방거래위원회, 페이스북

93
—

소셜 미디어 기업의 폭주를 막아라

소셜 미디어 기업들은 1996년에 통과된 연방 통신품위법 덕분에 일반 기업에 적용되는 엄격한 심사를 면제받는 특혜를 누렸다. 당시에는 미국인의 16퍼센트만이 유선 전화 코드인 모뎀으로 연결한 컴퓨터를 통해 인터넷에 접속할 수 있었다.[1] 페이스북, 트위터, 유튜브는 아직 존재하지도 않았고 아마존은 그저 온라인에서 책을 파는 기업이었다.

지금은 세계 인구의 절반 이상이 소셜 미디어를 사용하고 있으며, 소셜 미디어 사용자가 늘어남에 따라 이해관계자들이 엄청나게 많은 이익을 창출했지만, 외부 효과가 매출보다 더 빠르게 성장했다. 소셜 미디어 사용자는 경멸, 정당의 파벌, 양극화 같은 생태계를 조장하는 분노의 알고리즘에 노출된다. 십대들은 우울하며 컴퓨터, 스마트폰, 태블릿 같은 기기 중독으로 고통받고 있다.

소셜 미디어 회사들은 더 이상 특별 대우가 필요치 않다. 그들도 이제 다른 모든 미디어 회사와 동일한 규칙, 즉 민주주의를 약탈하기보다는 처벌받고 붙잡힐 가능성이 더 큰 규칙에 따라 행동해야 한다. 이런 규칙은 외부 효과로 인한 대가를 사회 전체로부터 해당 기업들에 정당하게 전가한다.

230조 통과 이후 소셜 미디어 기업의 연대표[2]

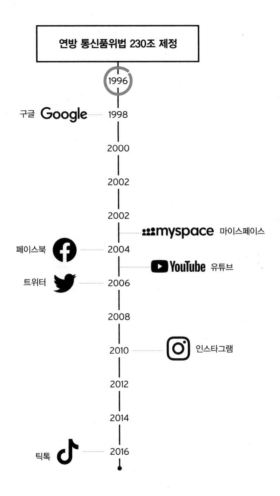

출처: G 교수의 분석

94

—

수감률 1위의 오명을 벗어라

미국은 많은 부분에서 세계를 이끈다는 자부심이 있지만, 교도소 문제는 별개다. 2021년 현재, 미국인 10만 명 가운데 639명이 감옥에 갇혀 있으며, 세계 어느 나라보다도 수감률이 높다. "범죄를 저지르지 않았어도 사회적 위험성"[1]이 있는 사람들을 투옥하는 권위주의 정권 쿠바조차 감옥에 있는 사람들의 비율이 미국보다 낮다. 미국의 수감률이 일본보다 17배 높다는 사실은 말할 것도 없으며 러시아보다도 2배나 높다. 미국 교도소 수감자의 수를 도시에 비교해보면, 미국에서 다섯 번째로 큰 도시가 된다. 애틀랜타, 마이애미, 신시내티, 멤피스 인구를 다 합친 것보다 인구가 많을 것이다. 흑인과 히스패닉은 미국 인구의 약 3분의 1 정도이지만, 교도소 인구의 거의 60퍼센트를 차지한다. 그리고 그 모든 교도소를 유지하는 데 연간 800억 달러 이상의 비용이 소요된다.

우리는 이 점을 다시 생각해야 한다. 비폭력 범죄에 대한 선고를 재평가해야 하며, 폭력 전과가 없는 수감자는 석방을 고려해야 한다. 마약 법정, 전환 프로그램과 교도소에 대한 다른 대안들이 확대되어야 한다. 석방자를 대상으로 하는 사회 적응 프로그램과 교육도 시행해야 한다. 젊은 시절에 저지른 실수 때문에 아무에게도 해를 끼치지 않은 한 청년을 가둬두었다가 몇 년 후 아무런 준비도 없이 그 청년을 길거리에 내버리는 것은 문제를 더 복잡하게 만들 뿐이다. 무너진 사법 정의를 바로잡아야 한다.

인구 10만 명당 수감률[2]

2021년 8월 기준

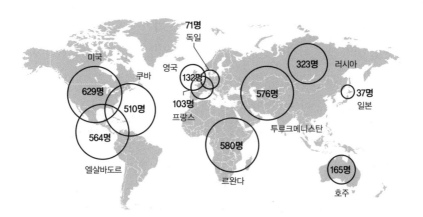

출처: 월드프리즌브리프World Prison Brief

95

—

일회적 부유세는 피할 수 없다

미국 역사상 젊은 세대에서 노인 세대로 이전된 가장 큰 부 가운데 하나는 코로나 팬데믹에 대한 정부의 대응과 함께 이루어졌다. 정부는 5조 달러의 막대한 부양책을 발표했고 그중 3조 달러는 순전히 잘못된 사람들의 손에 들어갔다. 이 돈이면 코로나19 팬데믹으로 인해 월급을 받지 못했다고 보고한 모든 미국인의 손에 각각 3만 달러씩 쥐어줄 수도 있었다. 많은 사람이 고통을 겪었지만, 부자들은 더 부유해졌다.

가장 필요로 하는 사람들이 3만 달러를 받았다면, 시장보다는 경제에 더 많은 돈이 투입되어 경제 회복에 훨씬 더 도움이 되었을 것이다. 어떤 기업이 살아남을 자격이 있고 새로운 경제에 대비할 준비가 되어 있는지 누가 소비자보다 더 잘 판단할 수 있을까?

앞으로 부양책은 델타항공이나 7개의 세탁소를 소유하고 있는 사람이 아니라 음식과 주거가 불안정한 사람들을 지원하는 것으로 제한해야 한다. 하지만 우리는 이미 3조 달러나 적자를 냈기 때문에 이 손실 중 일부를 만회해야 한다. 그러려면 일회성 부유세를 부과해야 한다. 가장 부유한 5퍼센트 가구에 2퍼센트의 세금을 부과하면 최대 1조 달러를 모을 수 있다. 3차 긴급예산법 통과로 촉발된 초기 주식시장

상승은 미국의 가장 부유한 주식 소유자들이 2조 달러를 추가로 축적하는 데 도움이 되었다.

금전적 보상과 처벌을 공동체와 시민들의 복지를 위해 조정하지 않는다면, 미국은 위기 대응 실패의 결과를 맞을 것으로 보인다.

코로나19 구호 관련 지출[1]

3조 달러	할 수 있는 것
• 급여 보장 프로그램 • 세금 감면 • 부유한 사람들에게 주는 기타 지원금	2020년에 **팬데믹**과 관련해 **임금 손실**을 보고한 **미국인 1억 명**에게 인당 **3만 달러** 지원

출처: 미국 하원 세출위원회, 노동통계국

96

—

원전의 이미지 쇄신이 필요하다

원자력은 비극적인 브랜드 인지도 문제로 고통받고 있다. 이 기술은 탄소를 배출하지 않으면서 하루 24시간 내내 지속되는 든든한 전력 공급원이다. 원자력 발전기 하나만으로 필라델피아의 모든 가구에서 사용하기에 충분한 전기를 생산한다.[1] 원자력은 전 세계에서 여러 세대에 걸쳐 널리 사용되었다.

그러나 미국인의 29퍼센트만이 원자력에 대해 호의적이며 49퍼센트는 부정적인 입장으로, 원자력은 석탄 다음으로 가장 인기 없는 에너지원이다.[2] 이 강력한 청정 에너지원에 대한 우려는 외딴곳에서 매우 드물게 발생하는 사건에서 비롯된다. 실제로 원자력은 매우 안전한 에너지원 중 하나이며, 석탄, 석유 에너지 생산에 비해 사고 및 오염 관련 사망률이 거의 300배나 낮다.

원자력의 브랜드 이미지를 쇄신 해야 할 시점이다.

에너지 생산으로 인한 사망률 및 탄소 배출량[3]

테라와트시(1시간 동안 생산되는 테라와트 전력량)당 사망률

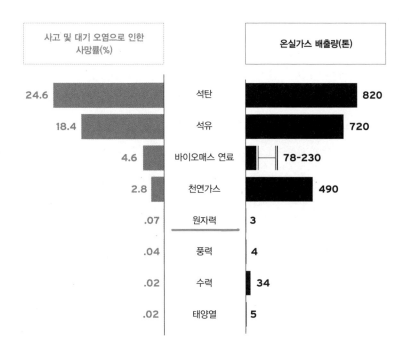

사고 및 대기 오염으로 인한 사망률(%)		온실가스 배출량(톤)
24.6	석탄	820
18.4	석유	720
4.6	바이오매스 연료	78-230
2.8	천연가스	490
.07	원자력	3
.04	풍력	4
.02	수력	34
.02	태양열	5

출처: 마르칸디아Markandya와 윌킨슨Wilkinson(2007), 소바쿨Sovacool 등(2016)(원출처: OWID)

97

—

빈곤 아동 지원, 미룰 수 없다

2019년 미국 어린이 거의 7명 가운데 1명이 가난하게 살았다.[1] 미국은 인류 역사상 가장 부유한 나라이다. 이런 상황이 계속되도록 놔두는 것은 용납할 수 없는 일이다. 이 세상에서 순조로운 출발을 할 수 있도록 모든 아이에게 음식, 주거지, 교육, 희망 같은 것을 제공하는 것은 미래를 위해 할 수 있는 최선의 투자이다. 조기 교육과 좋은 육아는 모두 번영하는 경제적 결과로 이어진다. 지금의 어린아이들이 자라서 미래의 노동자, 사상가, 지도자가 된다.

컬럼비아구가 2008년 유니버설 유치원*을 시행한 이후, 아이가 있는 여성의 노동 참여율은 65퍼센트에서 2016년 76퍼센트까지 꾸준히 증가했다.[2] 또한 하버드대학교의 경제학자 라즈 체티와 동료들의 2011년 연구에 따르면,[3] 좋은 교실에 무작위로 배정된 3학년 학생이 대학에 진학하고, 은퇴를 위해 더 많은 돈을 저축하며, 돈을 더 많이 벌고, 어른이 되어서 더 좋은 동네에 살 가능성이 큰 것으로 나타났다.

---

* 모든 가정이 양질의 유치원을 이용할 수 있도록 보조금을 제공해 무료 교육을 제공하는 프로그램이다.

아이들을 돕는 가장 간단한 방법은 부모들에게 돈을 주는 것이다. 현재 연방 아동 세액 공제는 중산층 가구 자녀 1인당 최대 2,000달러까지 가능하다.[4] 이것으로는 턱없이 부족하다. 아동 1인당 3,000달러의 보편적 수당은 아동 빈곤과 인종 간 불평등을 거의 절반으로 줄일 것이다. 일부 수혜자들이 일을 하지 않을 거라고 우려하는 비평가들조차 이 방법이 빈곤 아동을 줄이기 위해 현재 수행하고 있는 그 어떤 프로그램보다 큰 역할을 할 것임을 인정한다.[5]

아동 세액 공제가 아동 빈곤율에 미치는 영향[6]
2019년 기준

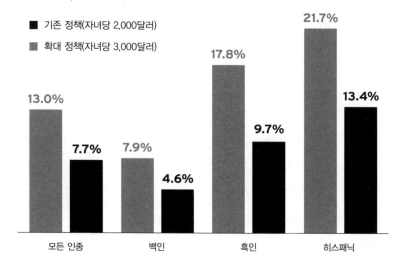

출처: 예산·정책우선순위센터

98
—
대학의 문을 넓혀라

고등교육은 정원을 늘리기 위한 유인책이 필요하다. 최고의 유인책은 뭘까? 바로 돈이다. 해결책 중 하나로 1조 5,000억 달러가 넘는 학자금 부채를 탕감하자는 의견도 제시되었지만, 이는 납세자에게 막대한 비용을 전가하며 고등교육의 비용 착취 모델을 강화할 뿐이다. 그 대신 우리는 미국 대학들이 보유하고 있는 면세 기준으로 6,000억 달러 정도 되는 기부금을 목표로 삼아야 한다.[1]

명문대는 교육자로 위장한 헤지펀드가 됐으니 자산운용사와 마찬가지로 세금을 내야 한다. 기부금에 대한 세금 면제를 유지하기 위한 간단한 필요조건으로 대학은 인구가 증가하는 속도보다 더 빠르게 신입생 정원을 늘려야 한다. 이는 막대한 기부금을 가진 엘리트들을 위한 것이다. 많은 학생을 교육하는 대부분의 학교를 위해 우리는 대타협이 필요하다. 공공 보조금과 국비 지원을 늘려야 하지만, 정원 확대 의무와 직접적으로 연결되어야 한다.

공정한 경쟁의 장을 만들고 인증 카르텔을 폐지함으로써 혁신가들을 이 공간으로 끌어들일 수 있다. 연방 재정 지원을 받으려면 인가가 필요하지만, 인가를 수행하는 기관은 정부로부터 독립적이며, 기관의 존재 자체가 현재의 고등교육 모델을 유지하는 데 맞춰져 있다. 이 기관들은 더 넓은 이해관계자를 기반으로 재건되어야 한다.

하버드대학교의 기부금 증가율(인플레이션 조정) 대비 학부 입학 인원[2]

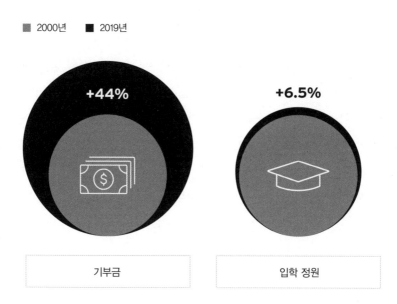

출처: 하버드대학교

99

기술 교육은 또다른 계층 사다리다

    고등교육이 청년을 번영의 길로 인도하는 유일한 방법은 아니다. 단기간에 취업 준비 기술을 제공하는 전문 자격증은 노동 시장 진입 비용을 최소화한다. 우리는 직업 훈련도 수용해야만 한다. 젊은이들이 사회에서 필요한 일을 하도록 훈련받을 때에야 비로소 성공할 준비가 된 것이다. 미국에서 수습생의 94퍼센트가 수습 기간 이후 건설, 엔지니어링, 제조, 의료, 정보 기술 등 다양한 직종에서 일하며 평균적으로 초봉 7만 달러 이상을 받는 직업을 가진다.[1] 그러나 노동자 1,000명 가운데 수습생을 하려는 사람은 3명뿐이다. 이는 미국과 비슷한 경제 수준을 지닌 다른 나라에 비해 훨씬 낮은 비율이다.

국가별 수습생 인원[2]

2019년 기준, 노동 인구 1,000명당

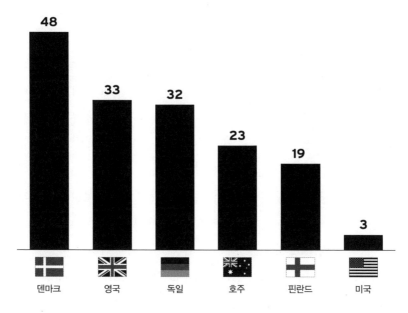

출처: 옥스퍼드대학교, 조지타운대학교

100
—
국가 공공 서비스를 확충하라

1965년에서 1975년 사이 3분의 2가 넘는 의회 의원들이 베트남전쟁에 참여해 조국을 위해 봉사했다.[1] 그 시기의 중요한 입법 성과는 정치나 정당과의 연관성보다 훨씬 중요한, 사회와 유대감을 공유한 지도자들을 통해 달성되었다. 오늘날 그런 경험을 가진 의회 의원은 전체의 20퍼센트도 채 되지 않는다.

군대는 군 복무를 독점하지 않는다. 1961년 평화봉사단이 창설된 이래 25만 명의 자원봉사자가 142개 나라에서 복무했다.[2]

국가 서비스 프로그램으로 인한 재정 및 사회적 혜택은 비용을 훨씬 능가한다. 티치포아메리카Teach for America, 유스빌드YouthBuild, 주방위군 청소년챌린지 같은 프로그램은 청년들에게 또래와 함께 동료 미국인들에게 봉사할 기회를 제공한다. 특히 유스빌드와 주방위군 청소년챌린지는 미국이 다른 선진국보다 훨씬 뒤처진 분야인, 대학에 다니지 않는 청년들에게 직업 기회를 제공하는 데 중점을 둔다. 미국은 이런 서비스에 투자하고 확대하며 법에 정해진 의무 복무를 모색해야 한다.

공공 서비스는 미국에 필요한 공감을 만들어낸다. 그리고 수요도 많다. 평화봉사단에는 모집 인원보다 3배나 많은 사람이 지원한다.

미국 청소년 봉사 프로그램의 연간 비용 대비 납세자 혜택[3]

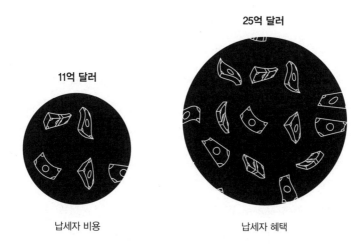

25억 달러

11억 달러

납세자 비용

납세자 혜택

출처: 컬럼비아대학교 사범대학 클라이브벨필드Clive Belfield 교육편익연구센터

결론

일본의 군인 오노다 히로는 제2차 세계대전이 끝나고 29년이 지난 1974년에 필리핀 루손 근처 루방섬 정글에서 모습을 드러냈다.[1] 전쟁이 여전히 계속되고 있다고 믿으며, 모든 사람과 세상 모든 것들로부터 격리된 29년 동안, 그는 아무것도 이루지 못했다. 그야말로 아무것도 아닌 존재가 되었다. 히로는 현지인들과 여러 차례 교전을 벌였고 이유 없이 심적 고통과 혼란을 일으켰다.

인류 전체 역사에서 29년은 눈 깜짝할 순간에 불과하지만 그 기간 동안 사회로부터 서로 철저하게 격리된다면 인류는 멸종했을 것이다. 중요한 것이 무엇이든 누군가 대신할 수 있지만, 위대함은 다른 사람이 대신해줄 수 있는 것이 아니다. 관계, 의사소통, 제도가 없다면 우리 인간은 포유류만도 못하게 된다.

사람 사이의 연결은 마치 아기처럼 다른 모든 것을 사소하게 만드는 요소이다. 미국에서 젊은 사람들은 과거보다 성관계를 훨씬 적게 한다.[2] 섹스는 즐겁고, 때론 불필요하게 논란이 되기도 하지만, 관계와 가족, 즉 사회의 기본적 토대를 구축하는 주요 활동중 하나다.

교류를 위해서는 대화가 필요하다. 우리의 대화는 너무 과격해졌다. 빠르게 성장하는 소통 매체는 기존 소통 매체와는 달리 생산성이 아닌 양극화를 증가시키고, 동맹국을 적으로 만들고 있다. 조작된 논쟁으로 광분에 휩싸인 미국인 중 절반은 반대 정당에 속한 사람을 치명적인 적으로 여긴다.[3]

제도는 덜 성공한 종과 우리를 구별하는 또 다른 주요 특징이지만 이제 해로운 것으로 여겨진다. 제도는 더 이상 우리를 달에 보내거나 히틀러를 물리친 메커니즘이 아니라, 신뢰할 수 없으며 자금 지원을 중단해야 할 독립체가 되었다. 이것은 제도가 효율적이지 않다고 생각하는 데서 오는 자기충족적 예언이다.

불신과 연결 부족으로 인해 시스템 오류가 발생했다. 특히 미국의 사회 중심축이 무너졌다. 미국 역사상 처음으로 30세 젊은이들이 그들의 부모 세대가 젊었을 때만큼 잘살지 못한다.[4] 젊은이들은 실패하고 있는 반면에 노인과 부자는 자신의 부를 보호하기 위해 세금과 규제 정책을 무기로 삼고 있다. 그렇지만 여전히 창조적 파괴의 돌풍이 불고 있다.

우리는 그저 외롭기만 한 것이 아니다. 외로움은 우리가 다른 사람들과 함께 있어야 한다는 것을 인식함을 의미한다. 우리에게는 공동의 비전이 없다. 도착할 땅을 볼 수 없을 뿐만 아니라, 인식하지도 못한다. 우리는 표류하고 있다.

표류는 길을 잃었다는 의미가 아니다. 하지만 우리는 경로를 수정할 수도, 그렇다고 지금 가는 방향에 동의할 수도 없다. 우리는 상상할 수 있는 한 가장 강력한 추진력을 가진 가장 큰 선박을 보유하고 놀라운 번영을 기록해왔지만, 발전이 거의 없다. 미국은 분열되었고, 분노하며, 더 많은 사람이 단절감을 느낀다.

　그러나 가장 큰 구름 중 일부는 걷힐 수도 있다. 우크라이나 침공은 초기 몇 주 만에 서방에 새로운 통합을 가져왔고 북대서양조약기구(NATO)에 목표를 제시했다. 미국은 공화당과 민주당이 말로만 떠드는 것이 아니라 서로 동의하는 것을 보았다. 그 통합이 지속되든 아니든, 이것은 공통점이 존재한다는 분명한 신호다. 코로나19로 인해 미국 역사상 모든 전투의 전사자를 다 합친 것보다 더 많은 사망자가 생겼지만, 과학 배당금은 웰빙의 물결을 일으킬지도 모른다. 구체적으로 백신이라는 선물을 취해 전 세계에 면역력을 입혀 예방할 수 있는 죽음으로부터 수백만 명을 구하면서 발견의 시대를 앞당겼을 수도 있다. 교육, 의료, 업무가 캠퍼스나 병원, 사무실에서 다른 장소로 분산됨에 따라 사람들이 수십억 시간을 자기 관리나 다른 사람을 돌보는 일, 돈을 버는 데 더 잘 사용하는 것을 목격하고 있다.

　이 책은 2021년 12월 23일, 52세의 나이에 코로나19 합병증으로 세상을 떠난 사촌 앤디에게 바치는 책이다. 누가 위험한 상황에 처해 있는지 추측하면서 내가 아는 모든 사람의 목록을 작성했다면, 앤디는 그 목록의 제일 아래에 있었을 것이다. 늘 주변을 환하게 밝혀주던 앤디는 건장하고 매력이 넘쳤다. 그러나 앤디가 코로나19 백신을 맞지 않기로 결정한 것을 포함해 상상조차 할 수 없는 실수와 불운이 계속되면서, 아름다운 아홉 살짜리 소년은 아버지를 잃었다. 사랑하는 사람을 잃은 수백만 명의 사람처럼 나도 삶의 연약함과 유한함을 느낀다. 하지만 이제 어떻게 해야 할까?

　나는 발전이나 시민으로서의 자질, 균형감이라는 저 멀리 보이는 육지가 우리에게 방향을 제시하고 결단을 촉구하고 있다고 믿는다. 젊은 세대에게 막대한 투자를 하고, 해외에 있는 우리 형제자매들을 다시 포용하며, 경쟁자와 적의 차이를 분별하고, 다른 누구보다 우리가 먼저 인식하는 것. 2021년 미국의 아동 빈곤은 거의 절반으로 줄었다. 2022년 사람들은 우크라이나인들에게 돈을 송금하기 위해 미국 기술 플랫폼을 활용해서 숙박하지 않을 우크라이나 키이우에 있는 호텔을 예약했다. 우리는 사랑하는 사람들과 더 많은 시간을 보내고 있다. 우리는 폭군에게 저항하며 양극화를 거부하기 시작했다.

우리가 탄 이 배가 항해를 멈춘다는 것은 기정사실이 아니다. 이 배는 아무 해안으로나 쓸려 다니지 않는다. 투자와 리더십이 집중된 거대한 해안이어야 한다. 그러나 육지가 저기에 있다. 그냥 그곳에 도달하는 문제일 뿐이다.

감사의 글

성공의 엄청난 장점 중 하나는 그 과정에서 다수의 뛰어난 사람들과 함께 일할 수 있다는 것이다. 다음 언급한 사람들이 없었다면 이 책은 탄생할 수 없었을 것이다. 사실, 내가 하는 일의 상당 부분이 이들 없이는 할 수 없는 일이었다. 다른 방법도 없었을 것이다. 내 업적은 그들의 것이며, 나는 그들이 거둔 놀라운 성공에 일조했다는 사실에 자부심을 느낀다. 이 책을 작업해준 모든 분과 내가 하는 모든 일에 도움을 준 수많은 분께 감사 인사를 전한다.

스콧 갤러웨이 프로덕션

총괄 프로듀서: 제이슨 스태버스Jason Stavers, 캐서린 딜런Katherine Dillon

연구 책임자: 다니엘 아티아Daniel attia

배열 구성 및 데이터 시각화: 올리비아 레이니홀Olivia Reaney-Hall

삽화: 루바 루코바Luba Lukova

표지 그림: 타일러 컴리Tyler Comrie

초상화 삽화: 라지크 브라운Raaziq Brown

관계자: 짐 레빈Jim Levine(Levine Greenberg Rostan), 니키 파파도풀로스Niki Papadopoulos, 에이드리언 잭하임Adrian Zackheim(포트폴리오)

연구팀: 미아 실베리오Mia Silverio, 캐럴라인 샤그린Caroline Schagrin, 에드워드 엘슨Edward Elson, 클레어 밀러Claire Miller

교열 담당자: 마크 레이도프Mark Leydorf, 마리아 페트로바Maria Petrova

주

들어가며 밸러스트

1   "The Cost of U.S. Wars Then and Now," Norwich University, October 20, 2020.

2   "Military Expenditure(% of GDP)—United States," The World Bank Group, last visited February 10, 2022.

3   "The Points Were All That Mattered: The US Army's Demobilization After World War II," The National WWII Museum, August 27, 2010, https://www.nationalww2museum. org/war/articles/pointssystem-us-armys-demobilization; "Research Starters: US Military by the Numbers," The National WWII Museum, accessed April 15, 2022, https:// www.nationalww2museum.org/students-teachers/student-resources/research-starters/ research-starters-us-military-numbers.

4   Simon Constable, "Truman's Forgotten Economic Crisis," *Forbes*, March 4, 2016, https://www.forbes.com/sites/simonconstable/2016/03/04/trumans-forgotten-economic-crisis/?sh=f214e91c2246.

5   Kristen Burton, "Episode 5 - Strike Wave," January 22, 2021, in *To The Best of My Ability* podcast, 28:43, https://www.nationalww2museum.org/war/podcasts/best-my-ability-podcast/season-2-archive/episode-5-strike-wave.

6   Sarah Pruitt, "The Post World War II Boom: How America Got Into Gear," History, May 14, 2020, https://www.history.com/news/post-worldwar-ii-boom-economy.

7   Esteban Ortiz-Ospina and Max Roser, "Literacy," Global Change Data Lab, September 20, 2018, https://ourworldindata.org/literacy.

8   "Smallpox," American Museum of Natural History, accessed February 25, 2022, https://

www.amnh.org/explore/science-topics/diseaseeradication/countdown-to-zero/smallpox.

9   Chris Brierley, Alexander Koch, Simon Lewis, and Mark Maslin, "European Colonisation
      of the Americas Might Have Caused Global Cooling, According to New Research,"
      World Economic Forum, February 1, 2019, https://www.weforum.org/agenda/2019/02/
      european-colonisation-of-theamericas-caused-global-cooling/.

10   "Research Starters: The GI Bill," The National WWII Museum, accessed February 25,
      2022, https://www.nationalww2museum.org/students-teachers/student-resources/
      research-starters/research-starters-gi-bill.

11   "Traveling Interstates Is Our Sixth Freedom," *USA Today*, June 26, 2006, https://
      usatoday30.usatoday.com/news/opinion/columnist/neuharth/2006-06-22-interstates_
      x.htm./news/opinion/columnist/neuharth/2006-06-22-interstates_x.htm.

12   "This Is Why Everyone Thinks They Are Middle Class (Even If They Aren't)," *Fast
      Company*, April 14, 2019, https://www.fastcompany.com/90330573/who-is-actually-
      middle-class.

13   Jim Tankersley, *The Riches of This Land* (New York: Public Affairs, 2021), 91.

14   "Love Canal: A Special Report to the Governor & Legislature: April 1981," New York
      State Department of Health, accessed February 25, 2022, https://www.health.ny.gov/
      environmental/investigations/love_canal/lcreport.htm#relocation.

15   "COVID-19 Forecasts: Deaths," Centers for Disease Control and Prevention, February
      23, 2022, https://www.cdc.gov/coronavirus/2019-ncov/science/forecasting/forecasting-
      us.html.

CHAPTER 1 주주가치라는 신흥 종교

1   Ronald Reagan, "Inaugural Address," January 20, 1981, https://www.reaganfoundation.
      org/ronald-reagan/reagan-quotes-speeches/inaugural-address-1.

2   "U.S. Inflation Rate 1960 – 022," MacroTrends, accessed February 23, 2022, https://
      www.macrotrends.net/countries/USA/united-states/inflationrate-cpi.

3   "Dow Jones—JIA—00 Year Historical Chart," MacroTrends, accessed February 23,
      2022, https://www.macrotrends.net/1319/dow-jones-100-year-historical-chart.

01 부자 감세가 부채를 키웠다

1   "Historical Highest Marginal Income Tax Rates," Tax Policy Center, accessed February
    23, 2022, https://www.taxpolicycenter.org/statistics/historical-highest-marginal-income-
    tax-rates.

2   "Federal Debt: Total Public Debt," Federal Reserve Bank of St. Louis, accessed
    February 10, 2022, https://fred.stlouisfed.org/graph/?g=Lgqj.

3   "Gross Domestic Product," Federal Reserve Bank of St. Louis, accessed February 23,
    2022, https://fred.stlouisfed.org/graph/?g=Ls78.

4   "Historical U.S. Federal Corporate Income Tax Rates & Brackets, 1909 – 2020," Tax
    Foundation, accessed February 23, 2022, https://taxfoundation.org/historical-corporate-
    tax-rates-brackets/. porate-tax-rates-brackets; "Historical Highest Marginal Income Tax
    Rates," Tax Policy Center, accessed February 23, 2022, https://www.taxpolicycenter.org/
    statistics/historical-highest-marginalincome-tax-rates.

02 정부의 존재감이 작아졌다

1   Gautam Mukunda, "'What's Good for GM Is Good for America'—hat Should You
    Do During A National Crisis?" Forbes, June 5, 2020, https://www.forbes.com/sites/
    gautammukunda/2020/06/05/whatsgood-for-gm-is-good-for-americawhat-should-you-
    do-during-a-nationalcrisis/?sh=c4dfde6d3bda.

2   Theodore Roosevelt, "NY Speech," Asheville, North Carolina, September 9, 1902;
    Franklin D. Roosevelt, "Address at Marietta, Ohio," July 8, 1938; John F. Kennedy,
    Public Papers of the Presidents of the United States (Washington, D.C.: US Gov. Printing
    Office, 1964), 326; Ronald Regan, news conference, August 12, 1986, https://www.
    reaganfoundation.org/ronald-reagan/reagan-quotes-speeches/news-conference-1;
    "Clinton: Era of Big Government Is Over," ABC News, accessed February 23, 2022,
    https://abcnews.go.com/Politics/video/clinton-erabig-government-9655598.

03 인프라 투자를 하지 않는다

1   "Report Card for America's Infrastructure: Roads," ASCE Foundation, accessed
    February 23, 2022, https://infrastructurereportcard.org/cat-item/roads/.

2   "Report Card for America's Infrastructure: Transit," ASCE Foundation, accessed
    February 23, 2022, https://infrastructurereportcard.org/cat-item/roads/.

3   "Report Card for America's Infrastructure: Water," ASCE Foundation, accessed February 23, 2022, https://infrastructurereportcard.org/cat-item/roads/.

4   Andrew Keller, "United Way Estimates Cost of Helping Children $100M," WNEM, 2016, https://web.archive.org/web/20160203004456/http://www.wnem.com/story/30995770/united-way-estimates-cost-of-helping-children- 100m; Jennie Doyle, "The Flint Water Crisis - Impact, Solutions, and Repercussions," *Voices of Youth*, February 27, 2019, https://www.voicesofyouth.org/blog/flint-water-crisis-impact-solutions-and-repercussions.

5   Lauren Leatherby et al., "Floor by Floor, the Lost Lives of the Surfside Building Collapse," *New York Times*, July 27, 2022, https://www.nytimes.com/interactive/2021/06/30/us/miami-building-missing-dead.html.

6   Phelim Kine, "'Powerful Signal': Biden's Infrastructure Bill Sends Message to China," *Politico*, August 7, 2021, https://www.politico.com/news/2021/08/07/biden-infrastructure-bill-message-china-502739.

7   "Best Places to Visit in China—Book Tours and Travel Packages," China Guide, accessed February 23, 2022, https://www.chinatrainguide.com/route/shanghai-to-beijing.

8   "Reservations," Amtrak, accessed February 23, 2022, https://www.amtrak.com/tickets/departure.html.

9   Josh Bivens, "The Potential Macroeconomic Benefits from Increasing Infrastructure Investment," Economic Policy Institute, July 18, 2017,https://www.epi.org/publication/the-potential-macroeconomic-benefits-from-increasing-infrastructure-investment/.

04 미국의 정신 건강이 무너졌다

1   Jessica Placzek, "Did the Emptying of Mental Hospitals Contribute to Homelessness?" KQED, December 6, https://www.kqed.org/news/11209729/did-the-emptying-of-mental-hospitals-contribute-to homelessness-here.

2   "HUD 2020 Continuum of Care Homeless Assistance Programs Homeless Populations and Subpopulations," US Department of Housing and Urban Development, accessed February 23, 2022, https://files.hudexchange.info/reports/published/CoC_PopSub_NatlTerrDC_2020.pdf.

3   Dominic Casciani, "Crime Victims with Mental Illness Ignored, Research Suggests," BBC, October 7, 2013, https://www.bbc.com/news/uk-24420430.

4   William Fisher, Ted Lutterman, Ronald Manderscheid, and Robert Shaw, "Trend in Psychiatric Inpatient Capacity, United States and Each State, 1970 to 2014," National Association of State Mental Health Program Directors, August 2017, 41, https://www.nasmhpd.org/sites/default/files/TACPaper.2.Psychiatric-Inpatient-Capacity_508C.pdf.

05 노동자가 설 곳이 없다

1   Gerald Mayer, "Union Membership Trends in the United States," Congressional Research Service, August 31, 2004, https://ecommons.cornell.edu/handle/1813/77776.
2   "Work Stoppages Involving 1,000 or More Workers, 1947 – 2017," U.S. Bureau of Labor Statistics, accessed February 23, 2022, https://www.bls.gov/news.release/wkstp.t01.htm; Lawrence Mishel, Lynn Rhinehart, and Lane Windham, "Explaining the Erosion of Private-Sector Unions," Economic Policy Institute, November 18, 2020,https://www.epi.org/unequalpower/publications/private-sector-unions-corporate-legal-erosion/.

06 차입매수, 기업 사냥꾼들의 배만 불렸다

1   Ann Crittenden, "Reaping Big Profits from a Fat Cat," *New York Times*, August 7, 1983, https://www.nytimes.com/1983/08/07/business/reaping-the-big-profits-from-a-fat-cat.html.
2   Crittenden, "Reaping the Big Profits from a Fat Cat."
3   "U.S. Leveraged Buyout Market From 1980 – 2002," U.S. Bancorp Piper Jaffray Capital Markets Ltd., accessed February 23, 2022, http://www.pipersandler.com/piperpublic/MA/pdfs/leveragedbuyout_0503.pdf.

07 높아지는 생산성, 정체된 임금

1   Josh Bivens and Lawrence Mishel, "Understanding the Historic Divergence Between Productivity and a Typical Worker's Pay: Why It Matters and Why It's Real," Economic Policy Institute, September 2, 2015, https://www.epi.org/publication/understanding-the-historic-divergence-between-productivity-and-a-typical-workers-pay-why-it-matters-and-why-its-real/#

08 99대 1의 사회, 계층 이동이 사라졌다

1   Catherine Rampell, "The Top 1%: Executives, Doctors and Bankers," *New York*

Times, October 17, 2011, https://economix.blogs.nytimes.com/2011/10/17/the-top-1-executives-doctors-and-bankers/

2 Bivens and Mishel, "Understanding the Historic Divergence Between Productivity and a Typical Worker's Pay."

09 국세청이 제 기능을 못 한다

1 Natasha Sarin, "The Case for a Robust Attack on the Tax Gap," U.S. Department of Treasury, September 7, 2021, https://home.treasury.gov/news/featured-stories/the-case-for-a-robust-attack-on-the-tax-gap.

2 "SOI Tax Stats Archive—1863 to 1999 Annual Reports and IRS Data Books," Internal Revenue Service, accessed February 23, 2022, https://www.irs.gov/statistics/soi-tax-stats-archive-1863-to-1999-annual-reports-and-irs-data-books.

10 기업이익 절반을 해외로 빼돌린다

1 Thomas Wright and Gabriel Zucman, "The Exorbitant Tax Privilege," National Bureau of Economic Research, Working Paper 24983, September 2018, https://www.nber.org/papers/w24983.

11 미국인 절반이 주주다

1 "Distribution of Household Wealth in the U.S. Since 1989," Board of Governors of the Federal Reserve System, accessed February 23, https://www.federalreserve.gov/releases/z1/dataviz/dfa/distribute/chart/.

2 "Survey of Consumer Finances, 1989–2019," Board of Governors of the Federal Reserve System, accessed February 23, 2022, https://www.federal reserve.gov/econres/scf/dataviz/scf/chart/#series:Stock_Holdings;demographic:all;population:1;units:have.

CHAPTER 2 미국이 만든 질서

1 "Population Living in Extreme Poverty, World, 1981 to 2017," Global Change Data Lab, accessed February 24, 2022, https://ourworldindata. org/grapher/above-or-below-extreme-poverty-line-world-bank?country=~OWID_WRL.

2 "200 Years Ago, Everyone Lacked Democratic Rights. Now, Billions of People Have Them," Global Change Data Lab, accessed February 24, 2022, https://ourworldindata.org/democratic-rights.

3 "Life Expectancy," Global Change Data Lab, accessed February 24, 2022, https://ourworldindata.org/grapher/life-expectancy-at-birth-total-years?tab=chart&country=~OWID_WRL.

4 "Share of the World Population Older Than 15 Years with at Least Basic Education," Global Change Data Lab, accessed February 24, 2022, https://ourworldindata.org/grapher/share-of-the-world-population-with-at-least-basic-education?country=~OWID_WRL.

5 "Share of Population in Extreme Poverty, 1981 to 2019," Global Change Data Lab, accessed February 24, 2022, https://ourworldindata.org/grapher/share-of-population-in-extreme-poverty?tab=chart&country=East+Asia+and+Pacific~South+Asia~OWID_WRL.

6 Hans M. Kristensen and Robert S. Norris, "Global Nuclear Weapons Inventories, 1945 – 2010," *Bulletin of Atomic Sciences* 66, no. 4(November 27, 2015): 77 – 83, https://www.tandfonline.com/doi/full/10.2968/066004008.

7 Mark Stenberg, "How the CEO of Pepsi, By Bartering Battleships and Vodka, Negotiated Cold War Diplomacy and Brought His Soda to the Soviet Union," *Business Insider*, November 11, 2020, https://www.businessinsider.com/ceo-of-pepsi-brought-soda-to-the-soviet-union-2020-11.

12 역사상 가장 풍요로운 시대

1 Max Roser, "The world economy over the last two millennia," Our World in Data, accessed February 24, 2022, https://ourworldindata.org/economic-growth#economic-growth-over-the-long-run

13 인류, 빈곤에서 해방되다

1 Jack Goodman, "Has China Lifted 100 Million People Out of Poverty?," BBC News, February 28, 2021, https://www.bbc.com/news/56213271.

2 David Dawkins, "China Overtakes U.S. In Global Household Wealth Rankings 'Despite' Trade Tensions—Report," *Forbes*, October 21, 2019, https://www.forbes.com/sites/

daviddawkins/2019/10/21/china-overtakes-us-in-global-household-wealth-rankings-despite-trade-tensionsreport/?sh=3abd87ed749e.

3 "Regional Aggregation Using 2011 PPP and $1.9/Day Poverty Line," The World Bank Group, accessed February 24, 2022, http://iresearch.worldbank.org/PovcalNet/povDuplicateWB.aspx.

14 기대수명이 늘어났다

1 Bernadeta Dadonaite, Hannah Ritchie and Max Roser, "Child and Infant Mortality," Our World in Data, 2013, https://ourworldindata.org/child-mortality.

2 "Burden of Disease, 1990 to 2019," Global Change Data Lab, accessed February 24, 2022, https://ourworldindata.org/grapher/dalys-rate-from-all-causes?tab=chart&country=~OWID_WRL; "Rate of Violent Deaths in Conflicts and One-Sided Violence Per 100,000, 1946 to 2016," Global Change Data Lab, accessed February 24, 2022, https://ourworldindata.org/grapher/rate-of-violent-deaths-in-conflicts-and-one-sided-violence-per-100000-since-1989.

3 "Life Expectancy at Birth, Total (Years)," World Bank Group, accessed February 24, 2022, https://data.worldbank.org/indicator/SP.DYN.LE00.IN.

15 민주주의가 경쟁력이 됐다

1 "Share of Democracies," Global Change Data Lab, accessed February 24, 2022, https://ourworldindata.org/grapher/share-democracies-bmr?time=earliest..1900&country=~O WID_WRL.

16 이민자가 혁신을 주도한다

1 Marjolaine Gauthier-Loiselle and Jennifer Hunt, "How Much Does Immigration Boost Innovation?" *American Economic Journal: Macroeconomics 2* (April 2010): 31–56, https://pubs.aeaweb.org/doi/pdf/10.1257/mac.2.2.31.

2 Stuart Anderson, "Immigrants and Billion-Dollar Companies," National Foundation for American Policy, 2018년 10월, https://nfap.com/wp-content/uploads/2019/01/2018-BILLION-DOLLAR- STARTUPS.NFAP-Policy-Brief.2018-1.pdf.

3 Sameeksha Desai and Robert Fairlie, "National Report on Early Stage Entrepreneurship in the United States: 2020," Kauffman Indicators of Entrepreneurship: Ewing Marion

Kauffman Foundation, February 2021, https://indicators.kauffman.org/wp-content/ uploads/sites/2/2021/03/2020_Early-Stage-Entrepreneurship-National-Report.pdf.

4 "World Migration Report," International Organization for Migration, accessed February 24, 2022, https://publications.iom.int/system/files/pdf/wmr_2020.pdf.

17 컨테이너로 쌓아올린 소비지상주의

1 Martin Placek, "Container Shipping-Statistics & Facts," Statista, September 23, 2021, https://www.statista.com/topics/1367/container-shipping/#dossierKeyfigures.

2 "Capacity of Container Ships in Seaborne Trade from 1980 to 2021," Statista, accessed February 24, 2022, https://www.statista.com/statistics/267603/capacity-of-container-ships-in-the-global-seaborne-trade/.

18 초연결 시대의 탄생

1 Aran Ali, "Here's What Happens Every Minute on the Internet in 2020," Visual Capitalist, September 15, 2020, https://www.visualcapitalist.com/every-minute-internet-2020/.

2 "Percentage of Global Population Accessing the Internet from 2005 to 2021, by Market Maturity," Statista, accessed February 2022, https://www.statista.com/statistics/209096/share-of-internet-users-in-the-total-world-population-since-2006/.

19 기술 발전이 가속화하다

1 "Number of Internet Users," Global Change Data Lab, accessed February 24, 2022, https://ourworldindata.org/grapher/number-of-internet-users-by-country?tab=chart&country=~OWID_WRL.

20 미국의 기관들 = 천재 양성소

1 Kevin Nazar and Michele Waslin, "U.S. Risks no Longer Attracting Nobel-Worthy Talent," George Mason University: Institute for Immigration Research, June 11, 2019, https://www.ilctr.org/u-s-risks-no-onger-attracting-nobel-worthy-talent/

2 "Nobel Laureates and Research Affiliations," Nobel Prize Outreach, accessed Feburary 24, 2022, https://www.nobelprize.org/prizes/facts/lists/affiliations.php.

21 세계 최대 공여국, 미국

1   Joe Myers, "Foreign Aid: These Countries Are the Most Generous," World Economic Forum, August 16, 2016, https://www.weforum.org/agenda/2016/08/foreign-aid-these-countries-are-the-most-generous.

2   Tom Guettler, "Why Ronald Reagan Was a Strong Advocate of Foreign Aid," *Global Citizen*, August 11, 2016, https://www.globalcitizen.org/en/content/reagans-legacy-on-foreign-aid/.

3   Gary L. Gregg II, "George W. Bush: Foreign Affairs," University of Virginia: Miller Center, 2022, https://millercenter.org/president/gwbush/foreign-affairs.

4   "The Global Food Security Act," The United States Agency for International Development, accessed February 24, 2022,https://www.usaid.gov/feed-the-future/vision/global-food-security-act.

5   "51 Billion Total Obligations," The United States Agency for International Development, accessed February 24, 2022https://foreignassistance.gov/aid-trends.

CHAPTER 3 우상이 된 혁신가

1   Jeffrey M. Jones, "U.S. Church Membership Falls Below Majority for First Time," Gallup, March 29, 2021, https://news.gallup.com/poll/341963/church-membership-falls-below-majority-first-time.aspx

2   "The Birth of the Microchip," Longview Institute, March 6, 2022, http://www.longviewinstitute.org/projects/marketfundamentalism/microchip/; "How the Internet was Invented," *The Guardian*, accessed March 6, 2022, https://www.theguardian.com/technology/2016/jul/15/how-the-internet-was-invented-1976-arpa-kahn-cerf; "The Invention of the Computer Mouse," DARPA, accessed March 6, 2022, https://www.darpa.mil/about-us/timeline/computer-mouse; "Global Positioning System History," accessed March 6, 2022, https://www.nasa.gov/directorates/heo/scan/communications/policy/GPS_History.html; "The History of Web Browsers," Mozilla.org, March 6, 2022 https://www.mozilla.org/en-US/firefox/browsers/browser-history/

22 지역사회가 붕괴하고 있다

1   James Laurence, Katharina Schmid, James R. Rae, and Miles Hewstone, "Prejudice, Contact, and Threat at the Diversity-Segregation Nexus: A Cross-Sectional and Longitudinal Analysis of How Ethnic Out-Group Size and Segregation Interrelate for Inter-Group Relations," *Social Forces* 97, no. 3 (March 2019): 1029–66, https://doi.org/10.1093/sf/soy079.

2   Ben Bromley, "In Depth: Shrinking Service Clubs Try to Reach Millennials," WiscNews, May 10, 2019, https://www.wiscnews.com/community/baraboonewsrepublic/news/local/in-depth-shrinking-service-clubs-try-to-reach-millennials/article_99763e68-f425-5253-875c-d6603a0c9dd9.html#tncms-source=login; Brian Cabell, "Are Service Clubs Dying?" Word on the Street, July 4, 2017, https://wotsmqt.com/service-clubs-dying; Jeffrey M. Jones, "U.S.Church Membership Falls Below Majority for First Time," Gallup, March 29, 2021, https://news.gallup.com/poll/341963/church-membership-falls-below-majority-first-time.aspx; "The Space Between: Renewing the American Tradition of Civil Society," Republicans Joint Economic Committee, no. 8–10, December 2019, https://www.jec.senate.gov/public/index.cfm/republicans/2019/12/opportunity-rightly-understood-rebuilding-civil-society-with-the-principle-of-subsidiarity; "443. Boy Scouts and Girl Scouts—Membership and Units," Photius Coutsoukis and Information Technology Associates, February 24, 2022, https://allcountries.org/uscensus/443_boy_scouts_and_girl_scouts_membership.html; David Crary, "Boy Scouts, Girl Scouts Suffer Huge Declines in Membership," Associated Press, June 30, 2021, https://apnews.com/article/only-on-ap-health-coronavirus-pandemic-7afeb2667df0a391de3be67b38495972.

23 10명 중 1명이 오염수를 마신다

1   Major Garrett and Kathyrn Watson, "Clean Drinking Water a Bigger Global Threat Than Climate Change, EPA's Wheeler Says," CBS News, March 20, 2019, https://www.cbsnews.com/news/epa-administrator-andrew-wheeler-exclusive-interview; "Mobile Fact Sheet," Pew Research Center, accessed February 24, 2022, https://www.pewresearch.org/internet/fact-sheet/mobile/.

24 기업이 R&D를 독점했다

1   History Center Staff, "A Brief History of the U.S. Federal Government and Innovation (Part III: 1945 and Beyond)," IEEE, August 1, 2011, https://insight.ieeeusa.org/

articles/a-brief-history-of-the-u-s-federal-government-and-innovation-part-iii-1945-and-beyond/.

2 "U.S. R&D Increased by $51 Billion, to $606 Billion, in 2018; Estimate for 2019 Indicates a Further Rise to $656 Billion," National Center for Science and Engineering Statistics, accessed February 24, 2022, https://ncses.nsf.gov/pubs/nsf21324.

3 "U.S. R&D Increased by $51 Billion, to $606 Billion, in 2018."

25 고학력자만이 취업할 수 있다

1 "College Tuition and Fees Increase 63 Percent Since January 2006," Bureau of Labor Statistics, U.S. Department of Labor, accessed February 24, 2022, https://www.bls.gov/opub/ted/2016/college-tuition-and-fees-increase-63-percent-since-january-2006.htm.

2 Brandon Griggs and Michelle Lou, "Acceptance Rates at Top Colleges Are Dropping, Raising Pressure on High School Students," CNN, April 3, 2019, https://www.cnn.com/2019/04/03/us/ivy-league-college-admissions-trnd/index.html.

3 "Educational Attainment Tables," United States Census Bureau, February 24, 2022, https://www.census.gov/topics /education/educational-attainment/data/tables.2020.List_2016040495.html.

4 Anthony P. Carnevale, Nicole Smith, and Jeff Strohl, "Recovery: Job Growth and Education Requirements Through 2020," Georgetown Public Policy Institute: Center on Education and Workforce, 2020, https://cew.georgetown.edu/wp-content/uploads/2014/11/Recovery2020.ES_.Web_.pdf.

26 혁신가를 숭배한다

1 Rebecca Aydin, "The WeWork Fiasco of 2019, Explained in 30 Seconds," *Business Insider*, October 22, 2019, https://www.businessinsider.com/wework-ipo-fiasco-adam-neumann-explained-events-timeline-2019-9.

2 해당 회사들의 S-1 서류.

27 창업가가 전례 없는 권력을 가졌다

1 Jay R. Ritter, "Initial Public Offerings: Dual Class Structure of IPOs Through 2021," University of Florida, accessed February 16, 2022, https://site.warrington.ufl.edu/ritter/files/IPOs-Dual-Class.pdf.

28 돈이 땀보다 고귀하다

1 "US Total Market Capitalization as % of GDP," YCharts, accessed February 24, 2022, https://ycharts.com/indicators/us_total_market_capitalization.

2 Theo Burke and Steven M. Rosenthal, "Who Owns US Stock? Foreigners and Rich Americans," Urban Institute, The Brookings Institution, and individual authors, accessed October 20, https://www.taxpolicycenter.org/taxvox/who-owns-us-stock-foreigners-and-rich-americans.

3 "Share of Corporate Equities and Mutual Fund Shares Held," Federal Reserve Bank of St. Louis, accessed February 24, 2022, https://fred.stlouisfed.org/graph/?g=LlPX.

4 "Q3 2021," Federal Reserve Bank of St. Louis, accessed February 24, 2022, https://fred.stlouisfed.org/graph/?g=LlPX.

29 1조 클럽 진입이 빨라졌다

1 Jack Nicas, "Apple Becomes First Company to Hit $3 Trillion Market Value," *New york Times*, January 3, 2022, https://www.nytimes.com/2022/01/03/technology/apple-3-trillion-market-value.html.

2 회사 서류.

3 조지 마루다스(George Maroudas)의 트위터(@ChicagoAdvisor), "Yearly revenue before reaching trillion valuation: Tesla: $32 billion, Facebook: $86 billion, Microsoft: $110 billion, Google:, $162 billion, Amazon: $178 billion, Apple: $229 billion," twitter, October 29, 2021, https://twitter.com/ChicagoAdvisor/status/1454089969635663874.

30 비전과 헛소리의 경계가 없다

1 Andrew J. Hawkins, "Here Are Elon Musk's Wildest Predictions about Tesla's Self-Driving Cars," *The Verge*, April 22, 2019, https://www.theverge.com/2019/4/22/18510828/tesla-elon-musk-autonomy-day-investor-comments-self-driving-cars-predictions

2 회사 서류.

31 기술기업이 정부를 지배한다

1 Tony Romm, "Amazon, Facebook, Other Tech Giants Spent Roughly $65 Million to Lobby Washington Last Year," *Washingron Post*, January 22, 2021, https://www.

washingtonpost.com/technology/2021/01/22/amazon-facebook-google-lobbying-2020/.

2   Johana Bhuiyan, Ryan Menezes and Suhauna Hussain, "How Uber and Lyft Persuaded California to Vote Their Way," *Los Angeles Times*, November 13, 2020, https://www.latimes.com/business/technology/story/2020-11-13/how-uber-lyft-doordash-won-proposition-22.

3   "Industry Profile: Internet," OpenSecrets, accessed February 24, 2022, https://www.opensecrets.org/federal-lobbying/industries/summary?cycle=2021&id=B13; "Industry Profile: Commercial Banks," OpenSecrets, accessed February 24, 2022, https://www.opensecrets.org/federal-lobbying/industries/summary?cycle=2021&id=F03; "Sector Profile: Energy & Natural Resources," OpenSecrets, accessed February, 2022, https://www.opensecrets.org/federal-lobbying/sectors/summary?cycle=2021&id=E.

32 베이조스 뉴스가 기후 위기를 이겼다

1   Jackie Wattles, "Jeff Bezos Just Went to Space and Back," CNN, July 20, 2021, https://www.cnn.com/2021/07/20/tech/jeff-bezos-blue-origin-launch-scn/index.html.

2   "Climate Change: How Do We Know?," National Aeronautics and Space Administration, accessed February 24, 2022, https://climate.nasa.gov/evidence

3   Brian Kahn, "Jeff Bezos Got as Much Morning Show Coverage in a Day as Climate Change Got All Last Year," *Gizmodo*, July 21, 2021, https://gizmodo.com/jeff-bezos-got-as-much-morning-show-coverage-in-a-day-a-1847334966.

CHAPTER 4 헝거 게임

1   "The World's Real-Time Billionares," *Forbes*, accessed February 25, 2022, https://www.forbes.com/real-time-billionaires/#49e88cdb3d78.

2   "The World's Real-Time Billionares."

3   "Share of Total Net Worth Held by the Top 1% (99th to 100th Wealth Percentiles)," Federal Reserve Bank of St. Louis, accessed February 25, 2022, https://fred.stlouisfed.org/series/WFRBST01134.

4   "Historical Income Tables: Households," United States Census Bureau, accessed February 25, 2022, https://www.census.gov/data/tables/time-series/demo/income-

poverty/historical-income-households.html.

5   Elaine Low, "Netflix Reveals $17 Billion in Content Spending in Fiscal 2021," *Variety*, April 20, 2021, https://variety.com/2021/tv/news/netflix-2021-content-spend-17-billion-1234955953.

6   Zack Friedman, "Student Loan Debt Statistics In 2021: A Record $1.7 Trillion," *Forbes*, February 21, 2021, https://www.forbes.com/sites/zackfriedman/2021/02/20/student-loan-debt-statistics-in-2021-a-record-17-trillion/?sh=7f8280051431.

7   Abigail Johnson Hess, "Georgetown Study: 'To Succeed in America, It's Better to Be Born Rich Than Smart," CNBC, May 29, 2019, https:// www.cnbc.com/2019/05/29/study-to-succeed-in-america-its-better-to-be-born-rich-than-smart.html.

8   Preston Cooper, "College Enrollment Surges Among Low-Income Students," *Forbes*, February 26, 2018, https://www.forbes.com/sites/prestoncooper2/2018/02/26/college-enrollment-surges-among-low-income-students/?sh=7134b66d293b.

9   "Some Colleges Have More Students from the Top 1 Percent Than the Bottom 60. Find Yours," *New York Times*, The Upshot, January 18, 2017, https://www.nytimes.com/interactive/2017/01/18/upshot/some-colleges-have-more-students-from-the-top-1-percent-than-the-bottom-60.html.

33 기업의 이익만을 수호한다

1   "National Income: Compensation of Employees," Federal Reserve Bank of St. Louis, accessed February 24, 2022, https://fred.stlouisfed.org/series/A033RC1A027NBEA.

2   "U.S. Airline Bankruptcies," Airlines for America, accessed February 24, 2022, https://www.airlines.org/dataset/u-s-bankruptcies-and-services-cessations/.

3   Joseph Zeballos-Roig, "Airlines Are Begging for a Bailout, but They've Used 96% of Their Cash Flow on Buybacks Over the Past 10 Years. It Highlights an Ongoing Controversy Over How Companies Have Been Spending Their Money," *Business Insider*, Marh 20, 2020, https://markets.businessinsider.com/news/stocks/airline-bailout-coronavirus-share-buyback-debate-trump-economy-aoc-2020-3-1029006175.

3   Andrew Ross Sorkin, "Were the Airline Bailouts Really Needed?: Once Again, We Have Socialized an Industry's Losses and Privatized its Profits," *New York Times*, March 16, 2021, https://www.nytimes.com/2021/03/16/business/dealbook/airline-bailouts.html.

4   Kelly Yamanouchi, "Delta CEO Bastian Took Pay Cut in 2020, but Still Got Stock

Incentives," *The Atlanta Journal-Constitution*, April 30, 2021, https://www.ajc.com/news/business/delta-ceo-bastian-took-pay-cut-in-2020-but-still-got-stock-incentives/JZOBBRUFWRG2VNI4YRDR4GMEJ4/.

5   "Corporate Profits After Tax (without IVA and CCAdj)," Federal Reserve Bank of St. Louis, accessed February 24, 2022, https://fred.stlouisfed.org/series/CP/.

34 CEO가 평균 임금 350배를 번다

1   Lawrence Mishel and Julia Wolfe, "CEO Compensation Has Grown 940% Since 1978," Economic Policy Institute, August 14, 2019, https://www.epi.org/publication/ceo-compensation-2018/.

35 기울어진 운동장에서 디스토피아로

1   "Share of Total Net Worth Held by the Bottom 50% (1st to 50th Wealth Percentiles)," Federal Reserve Bank of St. Louis, accessed February 24, 2022, https://fred.stlouisfed.org/series/WFRBSB50215.

2   "Share of Total Net Worth Held by the Bottom 50% (1st to 50th Wealth Percentiles)."

3   "Global Wealth Report," Credit Suisse Group, accessed February 24, 2022, https://www.credit-suisse.com/about-us/en/reports-research/global-wealth-report.html.

4   "Share of Total Net Worth Held by the Top 1% (99th to 100th Wealth Percentiles)," Federal Reserve Bank of St. Louis, accessed February 24, 2022, https://fred.stlouisfed.org/series/WFRBST01134.

36 코로나19가 빅테크를 키웠다

1   Nicole Perrin, "Facebook-Google Duopoly Won't Crack This Year," *Insider Intelligence*, November 4, 2019, https:// www.emarketer.com/content/facebook-google-duopoly-won-t-crack-this-year.

2   Travis Clark, "How Much Money 'Game of Thrones' Episodes Cost to Make in the Final Season, and Throughout the Series," *Business Insider*, April 15, 2019, https://www.businessinsider.com/how-much-game-of-thrones-episodes-cost-for-production-2019-4.

3   Joe Abbott and Edward Yardeni, "Stock Market Briefing: FAANGMs," Yardeni Research, Inc., February 19, 2022, https://www.yardeni.com/pub/faangms.pdf.

37 최저 임금은 수십 년 뒤처졌다

1   Dean Baker, "The $23 Per Hour Minimum Wage," Center for Economic and Policy Research, March 16, 2022, https://cepr.net/the-26-an-hour-minimum-wage.

2   Emmie Martin, "Here's How Much Housing Prices Have Skyrocketed Over the Last 50 Years," CNBC, June 23, 2017, https://www.cnbc.com/2017/06/23/how-much-housing-prices-have-risen-since-1940.html.

3   David Cooper, Zane Mokhiber, and Ben Zipperer, "Raising the Federal Minimum Wage to $15 by 2025 Would Lift the Pay of 32 Million Workers," Economic Policy Institute, March 9, 2021, https://www.epi.og/publication/raising-the-federal-minimum-wage-to-15-by-2025-would-lift-the-pay-of-32-million-workers/.

4   Cooper, Mokhiber, and Zipperer, "Raising the Federal Minimum Wage to $15 by 2025 Would Lift the Pay of 32 Million Workers."

5   Cooper, Mokhiber, and Zipperer, "Raising the Federal Minimum Wage to $15 by 2024 Would Lift Pay for Nearly 40 Million Workers."

6   Bonnie Kavoussi, "U.S. Could End Homelessness with Money Used to Buy Christmas Decorations," *HuffPost*, December 6, 2017, https://www.huffpost.com/entry/homelessness-christmas-decorations_n_2276536.

7   Bill Gates and Ray Chambers, "From Aspiration to Action: What Will It Take to End Malaria?" Bill and Melinda Gates Foundation, Office of the UN Secretary-General's Special Envoy for Financing the Health Millennium Development Goals for Malaria, 2014, http://endmalaria2040.org/.

8   Julia Glum, "The Median Amazon Employee's Salary Is $28,000. Jeff Bezos Makes More Than That in 10 Seconds," *Money*, May 2, 2018, https://money.com/amazon-employee-median-salary-jeff-bezos/

9   Cooper, Mokhiber, and Zipperer, "Raising the Federal Minimum Wage to $15 by 2025 Would Lift Pay for Nearly 40 million Workers."

38 우리의 우선순위는 무엇인가

1   "Consumer Price Index for All Urban Consumers: Food and Beverages in U.S. City Average," Federal Reserve Bank of St. Louis, accessed February 24, 2022, https://fred.stlouisfed.org/series/CPIFABSL#0.

39 실물경제와 금융경제가 단절됐다

1   "Domestic Financial Sectors; Total Financial Assets, Level/(Gross Domestic Product*1000)," Federal Reserve Bank of St. Louis, accessed February 24, 2022, https://fred.stlouisfed.org/graph/?g=smH.

2   "Domestic Financial Sectors; Total Financial Assets, Level/(Gross Domestic Product*1000)," Federal Reserve Bank of St. Louis, accessed February 24, 2022, https://fred.stlouisfed.org/graph/?g=smH.

3   "Domestic Financial Sectors; Total Financial Assets, Level/(Gross Domestic Product*1000)," Federal Reserve Bank of St. Louis, accessed February 24, 2022, https://fred.stlouisfed.org/graph/?g=smH.

40 부는 청년에게서 노인으로 흐른다

1   "Homeownership Rate in the United States," Federal Reserve Bank of St. Louis, accessed February 25, 2022, https://fred.stlouisfed.org/series/RHORUSQ156N.

2   "Housing Data," Federal Reserve Bank of St. Louis, accessed February 25, 2022, https://docs.google.com/spreadsheets/d/16m7gXbUmm9zZHolCeqq_oT01-UwUlgG8Hrs-EWYs0Qw/edit#gid=0.

41 학자금 폭등, 중산층을 공격하다

1   Kathryn Peltier Campbell, Anthony P. Carnevale, and Artem Gulish, "If Not Now, When? The Urgent Need for an All-One-System Approach to Youth Policy," Georgetown University McCourt School of Public Policy: Center on Education and Workforce, 2021, https://1gyhoq479ufd3yna29x7ubjn-wpengine.netdna-ssl.com/wp-content/uploads/cew-all_one_system-fr.pdf.

2   Campbell, Carnevale, and Gulish, "If Not Now, When?"

3   Susan Tompor, "Student Loan Debt Exceeds Credit Card Debt in USA," *USA Today*, September 10, 2010, http://www.itppv.com/documents/pdf/conversations-about-college-savings/student-loan-debt-exceeds-credit-card-debt-in-usa.pdf.

4   Campbell, Carnevale, and Gulish, "If Not Now, When?"

42 교육 격차를 좁힐 수 없다

1   Emmaa Dorn, Bryan Hancock, Jimmy Sarakatsannis, and Ellen Viruleg, "As US

Students Return to Classrooms, Some Are Catching Up on Unfinished Learning, but Others Are Falling Further Behind, Widening Prepandemic Gaps," McKinsey & Company, December 14, 2021, https://www.mckinsey.com/industries/education/our-insights/covid-19-and-education-an-emerging-k-shaped-recovery.

43 참을 수 없는 과잉 의료 행정

1   "Current Medical Literature," *Journal of the American Medical Association* 108 (1937): 329 – 344, doi:10.1001/jama.1937.02780040079042.

2   Will Chase and Michelle McGhee, "How America's Top Hospitals Hound Patients With Predatory Billing," Axios, accessed February 26, 2022, https://www.axios.com/hospital-billing.

3   Will Chase and Michelle McGhee, "How America's Top Hospitals Hound Patients with Predatory Billing," Axios, accessed February 26, https://www.axios.com/hospital-billing.

4   "GDP by Country," Worldometers, accessed February 25, 2022, https://www.worldometers.info/gdp/gdp-by-country/.

5   Terry Campbell, David U. Himmelsteinand, and Steffie Woolhandler, "Health Care Administrative Costs in the United States and Canada, 2017," Annals of Internal Medicine (21 January, 2020), https://doi.org/10.7326/M19-2818.

6   Natasha Parekh, Teresa L. Rogstad and William H. Shrank, "Waste in the US Health Care System: Estimated Costs and Potential for Savings," *Journal of the American Medical Association* 322 (2019): 501 – 9, doi:10.1001/jama.2019.13978.

7   "Financial Burden of Cancer Care," National Cancer Institute, accessed February 25, 2022, https://www.progressreport.cancer.gov/after/economic_burden.

8   Max Roser, "Link Between Health Spending and Life Expectancy: The US is an Outlier," Global Change Data Lab, May 26, 2017, https://ourworldindata.org/the-link-between-life-expectancy-and-health-spending-us-focus.

44 가난해지고 분노하는 청년들

1   Raj Chetty et al., "The Fading American Dream: Trends in Absolute Income Mobility Since 1940," *Science* 356, no. 6336 (24 April, 2017): 398 – 406, https://inequality.stanford.edu/sites/default/files/fading-american-dream.pdf.

2   "Guide to the Markets," J.P. Morgan Asset Management, accessed February 26, https://

am.jpmorgan.com/content/dam/jpm-am-aem/global/en/insights/market-insights/guide-to-the-markets/mi-guide-to-the-markets-us.pdf.

3   Chetty et al., "The Fading American Dream."

CHAPTER 5 초연결 시대의 경제학

1   "Steve Jobs Debuts the iPhone," History, accessed February 25, 2022, https://www.history.com/this-day-in-history/steve-jobs-debuts-the-iphone.

2   John Schroter, "Steve Jobs Introduces iPhone in 2007," October 8, 2011, YouTube, video, 0:00~10:19, https://www.youtube.com/watch?v=MnrJzXM7a6o.

3   Saul Hansell, "Yahoo Woos a Social Networking Site," *New York Times*, September 22, 2006, https://www.nytimes.com/2006/09/22/technology/22facebook.html.

4   MG Siegler, "Twitter And Foursquare Explain Their SXSW Explosions: Hustle, Buzz, And Maybe $11K," *TechCrunch*, January 4, 2011, https://techcrunch.com/2011/01/04/twitter-foursquare-sxsw/.

5   Lisa E. Phillips, "Trends in Consumers' Time Spent with Media," *Insider Intelligence*, December 28, 2010, https://www.emarketer.com/Article/Trends-Consumers-Time-Spent-with-Media/1008138.

6   Yoram Wurmser, "US Time Spent with Mobile 2021: Pandemic Gains Stick Even as Growth Cools," *Insider Intelligence*, Jun 2, 2021, https://www.emarketer.com/content/us-time-spent-with-mobile-2021.

7   Daisuke Wakabayashi, "Google's Profit and Revenue Soared in the Third Quarter," *New York Times*, October 26, 2021, https://www.nytimes.com/2021/10/26/technology/google-profit-third-quarter.html.

8   Rishi Iyengar, "Here's How Big Facebook's Ad Business Really Is," CNN, July 1, 2020, https://www.cnn.com/2020/06/30/tech/facebook-ad-business-boycott/index.html.

9   Iyengar, "Here's How Big Facebook's Ad Business Really Is."

10 "Mozilla Investigation: YouTube Algorithm Recommends Videos that Violate the Platform's Very Own Policies," Mozilla, July 7, 2021,, https://foundation.mozilla.org/en/blog/mozilla-investigation-youtube-algorithm-recommends-videos-that-violate-the-platforms-very-own-policies/.

11 Peter Dizikes, "Study: On Twitter, False News Travels Faster Than True Stories," MIT, March 8, 2018, https://news.mit.ededu/2018/study-twitter-false-news-travels-faster-true-stories-0308.

12 Mark Travers, "Facebook Spreads Fake News Faster Than Any Other Social Website, According To New Research," *Forbes*, March 21, https://www.forbes.com/sites/traversmark/2020/03/21/facebook-spreads-fake-news-faster-than-any-other-social-website-according-to-new-research/?sh=21332c476e1a.

13 Dora Mekouar, "Can Reforming Social Media Save American Democracy?" *VOA*, June 7, 2022, https://www.voanews.com/a/can-reforming-social-media-save-american-democracy-/6602408.html.

45 전 국민이 스마트폰에 중독됐다

1 "Average Unlocks Per Day Among Smartphone Users in the United States as of August 2018, by Generation," Statista, accessed February 25, https://www.statista.com/statistics/1050339/average-unlocks-per-day-us-smartphone-users/.

2 Aaron Smith, "Nearly Half of American Adults are Smartphone Owners," Pew Research Center, March 1, 2012, https://www.pewresearch.org/internet/2012/03/01/nearly-half-of-american-adults-are-smartphone-owners/

3 "Smartphones," YouGov, accessed February 25, 2022, https://d25d2506sfb94s.cloudfront.net/cumulus_uploads/document/6u8vt576yo/Smartphones%20results,%20March%201-4,%202019.pdf.

4 "Who Are America's Toilet Texters? Smartphone Bathroom Habits (Texting on the Toilet Study)," *Bank My Cell*, accessed February 20, 2022, https://www.bankmycell.com/blog/cell-phone-usage-in-toilet-survey#jump2.

5 Wurmser, "US Time Spent with Mobile 2021."

6 Rod A. Martin, "Do Children Laugh Much More Often than Adults Do?" Association for Applied and Theraputic Humor, 2022, https://aath.memberclicks.net/do-children-laugh-much-more-often-than-adults-do.

7 Ryne A. Sherman, Jean M. Twenge, and Brooke E. Wells, "Declines in Sexual Frequency among American Adults, 1989–2014," *National Library of Medicine* 46 (November 2017): 2389–401, doi: 10.1007/s10508-017-0953-1.

8 "Average Unlocks Per Day Among Smartphone Users in the United States as of August

2018, by Generation."

46 디지털 광고가 산업을 지배한다

1   Gregory Manley, "How Much Data Is on the Internet?," *Section*, March 27, 2020, https://www.section.io/engineering-education/how-much-data-online/.

2   Amit Agarwal, "Single Google Query Uses 1000 Machines in 0.2 Seconds," *Digital inspiration*, February 19, 2009, https://www.labnol.org/internet/search/google-query-uses-1000-machines/7433/.

3   "Digital News Fact Sheet," Pew Research Center, July 27, 2021, https://www.pewresearch.org/journalism/fact-sheet/digital-news/.

4   "Digital News Fact Sheet," Pew Research Center, July 27, 2021, https://www.pewresearch.org/journalism/fact-sheet/digital-news/.

5   Sara Fischer, "Ad Industry Expected to Make a Major COVID Comeback," Axios, April 13, 2021, https://www.axios.com/advertising-industry-covid-pandemic-80c4c676-4ab5-4690-a5a7-0d897df76d49.html.

6   "Digital News Fact Sheet."

47 저널리즘이 무너지고 있다

1   "Digital News Fact Sheet."

2   Mason Walker, "U.S. Newsroom Employment has Fallen 26% Since 2008," Pew Research Center, July 13, 2021, https://www.pewresearch.org/fact-tank/2021/07/13/u-s-newsroom-employment-has-fallen-26-since-2008/.

3   "Newspapers Fact Sheet," Pew Research Center, June 29, 2021, https://www.pewresearch.org/journalism/fact-sheet/newspapers; "Digital News Fact Sheet."

48 "충격"과 분노가 언론을 잠식한다

1   Tony Haile, "What You Think You Know About the Web Is Wrong," *Time*, March 9, 2014, https://time.com/12933/what-you-think-you-know-about-the-web-is-wrong/.

2   Jonah Berger and Katherine L. Milkman, "What Makes Online Content Viral?" *Journal of Marketing Research* 49, no. 2 (April 2012): 192–205, https://doi.org/10.1509/jmr.10.0353.

49 가짜 뉴스가 진실보다 6배 빠르다

1   "Twitter, Inc.: Form 10-K," *Edgar Online*, 2014, https://d1lge852tjjqow.cloudfront.net/
    CIK-0001418091/2d7fa775-d6f6-4207-a469-59089b099b6b.pdf; "Twitter, Inc.: Form
    10-K," United States Securities and Exchange Commission, accessed February 25, 2022,
    https://d1lge852tjjqow.cloudfront.net/CIK-0001418091/e38633af-2118-4b55-9ea3-
    97d207937321.pdf.

2   Peter Dizikes, "Study: On Twitter, False News Travels Faster Than True Stories," MIT,
    March 8, 2018,, https://news.mit.edu/2018/study-twitter-false-news-travels-faster-true-
    stories-0308.

3   Amy Mitchell, Elisa Shearer, and Galen Stocking, "News on Twitter: Consumed by Most
    Users and Trusted by Many," Pew Research Center, November 15, 2021, https://www.
    pewresearch.org/journalism/2021/11/15/news-on-twitter-consumed-by-most-users-and-
    trusted-by-many/

4   Ren LaForme, "10 Percent of Twitter Users Create 80 Percent of Tweets, Study Finds,"
    Poynter, April 24, 2019, https://www.poynter.org/tech-tools/2019/10-percent-of-twitter-
    users-create-80-percent-of-all-tweets-study-finds/.

5   Dizikes, "Study: On Twitter, False News Travels Faster Than True Stories."

50 검열보다 알고리즘이 문제다

1   Monica Anderson, Andrew Perrin, and Emily A. Vogels, "Most Americans Think Social
    Media Sites Censor Political Viewpoints," Pew Research Center, August 19, 2020,
    https://www.pewresearch.org/internet/2020/08/19/most-americans-think-social-media-
    sites-censor-political-viewpoints/.

2   Anderson, Perrin, and Vogels, "Most Americans Think Social Media Sites Censor
    Political Viewpoints."

3   Jeff Horwitz and Deepa Seetharaman, "Facebook Executives Shut Down Efforts
    to Make the Site Less Divisive," *Wall Street Journal*, May 26, 2020, https://www.wsj.
    com/articles/facebook-knows-it-encourages-division-top-executives-nixed-solutions-
    11590507499?mod=hp_lead_pos5.

4   "5 Facts About the QAnon Conspiracy Theories," Pew Research Center, November 16,
    2020, https://www.pewresearch.org/fact-tank/2020/11/16/5-facts-about-the-qanon-
    conspiracy-theories/.

5   "Newspapers Fact Sheet."

51 점점 더 뉴스를 믿지 않는다

1   Jeffrey Gottfried and Jacob Liedke, "Partisan Divides in Media Trust Widen, Driven by a Decline Among Republicans", Pew Research Center, August 30, 2021, https://www.pewresearch.org/fact-tank/2021/08/30/partisan-divides-in-media-trust-widen-driven-by-a-decline-among-republicans/.

2   Gottfried and Liedke, "Partisan Divides in Media Trust Widen, Driven by a Decline Among Republicans."

3   Gottfried and Liedke, "Partisan Divides in Media Trust Widen, Driven by a Decline Among Republicans."

4   Megan Brenan, "Americans' Confidence in Major U.S. Institutions Dips," Gallup, July 14, 2021, https://news.gallup.com/poll/352316/americans-confidence-major-institutions-dips.aspx.

5   Gottfried and Liedke, "Partisan Divides in Media Trust Widen, Driven by a Decline Among Republicans."

52 범죄율은 하락, 범죄 뉴스는 폭증

1   "Federal Bureau of Investigation Crime Data Explorer," Federal Bureau of Investigation, accessed February 25, 2022, https://crime-data-explorer.fr.cloud.gov/pages/explorer/crime/crime-trend.

2   John Gramlich, "What the Data Says (And Doesn't Say) About Crime in the United States," Pew Research Center, November 20, 2020,https://www.pewresearch.org/fact-tank/2020/11/20/facts-about-crime-in-the-u-s

3   Lauren-Brooke Eisen and Oliver Roeder, "America's Faulty Perception of Crime Rates: America's Crime Rates Are at Their Lowest Point in Decades. So Why Do So Many Americans Think Crime Is Going Up?," Brennan Center for Justice at NYU Law, March 16, 2015, https://www.brennancenter.org/our-work/analysis-opinion/americas-faulty-perception-crime rates

4   Ames Grawert and Cameron Kimble, "Takeaways from 2019 Crime Data in Major American Cities," Brennan Center for Justice at NYU Law, December 18, 2019, https://www.brennancenter.org/our-work/analysis-opinion/takeaways-2019-crime-data-major-

american-cities.

5   "Public Perception of Crime Rate at Odds With Reality," Pew Research Center, January 31, 2018, https://www.pewresearch.org/fact-tank/2016/11/16/voters-perceptions-of-crime-continue-to-conflict-with-reality/ft_16-11-16_crime_trend-2/.

53 '자연스러운 만남'은 없다

1   Sonia Hausen, Michael J. Rosenfeld, and Reuben J. Thomas, "Disintermediating Your Friends: How Online Dating in the United States Displaces Other Ways of Meeting," *Proceedings of the National Academy of Sciences of the United States of America*, September 3, 2019, https://www.pnas.org/content/116/36/17753/tab-figures-data.

CHAPTER 6 하우스 오브 카드

1   Marianne Bertrand and Jessica Pan, "The Trouble with Boys: Social Influences and the Gender Gap in Disruptive Behavior," National Bureau of Economic Research, October 2011, https://www.nber.org/system/files/working_papers/w17541/w17541.pdf.

2   Laura Camera, "Boys Bear the Brunt of School Discipline," *U.S. News and World Report*, June 22, 2016, https://www.usnews.com/news/articles/2016-06-22/boys-bear-the-brunt-of-school-discipline.

3   Douglas Belkin, "A Generation of American Men Give Up on College: 'I Just Feel Lost,'" *Wall Street Journal*, September 6, 2021, https://www.wsj.com/articles/college-university-fall-higher-education-men-women-enrollment-admissions-back-to-school-11630948233.

4   "Education and Lifetime Earnings," Social Security Administration, accessed February 25, 2022, https://www.ssa.gov/policy/docs/research-summaries/education-earnings.html#:~:text=There%20are%20substantial%20differences%20in%20lifetime%20earnings%20by,graduates.%20Women%20with%20bachelor%27s%20degrees%20earn%20%24630%2C000%20more.

5   D'Vera Cohn, Richard Fry, and Jeffrey S. Passel, "A Majority of Young Adults in the U.S. Live With Their Parents for the First Time Since the Great Depression," Pew Research Center, September 4, 2020, https://www.pewresearch.org/fact-tank/2020/09/04/

a-majority-of-young-adults-in-the-u-s-live-with-their-parents-for-the-first-time-since-the-great-depression/.

6 Michael Greenstone and Adam Looney, "The Marriage Gap: The Impact of Economic and Technological Change on Marriage Rates," The Hamilton Project, February 12, 2012, https://www.hamiltonproject.org/papers/the_marriage_gap_the_impact_of_economic_and_technological_change_on_ma.

7 "Education and Lifetime Earnings."

8 Rich Lowry, "Opinion: A Surprising Share of Americans Wants to Break Up the Country. Here's Why They're Wrong," Politico, October 6, 2021, https://www.politico.com/news/magazine/2021/10/06/americans-national-divorse-theyre-wrong-515443.

54 가난하고 아픈 싱글이 늘어난다

1 "Provisional Number of Marriages and Marriage Rate: United States, 2000–2020," Centers for Disease Control and Prevention, https://www.cdc.gov/nchs/data/dvs/national-marriage-divorce-rates-00-20.pdf.

2 Michael Greenstone and Adam Looney, "The Marriage Gap: The Impact of Economic and Technological Change on Marriage Rates," The Hamilton Project, February 12, 2012, https://www.hamiltonproject.org/papers/the_marriage_gap_the_impact_of_economic_and_technological_change_on_ma.

3 Greenstone and Looney, "The Marriage Gap."

4 Ann Meier and Kelly Musick, "Are Both Parents Always Better Than One? Parental Conflict and Young Adult Well-Being," Social Science Research 39, no. 5 (September 1, 2010): 814–30, https://doi.org/10.1016/j.ssresearch.2010.03.002.

5 "Provisional Number of Marriages and Marriage Rate: United States, 2000–2019," Centers for Disease Control and Prevention, accessed February 25, 2022, https://www.cdc.gov/nchs/data/dvs/national-marriage-divorce-rates-00-19.pdf.

55 남성의 부양 의무는 줄지 않았다

1 Kim Parker and Renee Stepler, "Americans See Men as the Financial Providers, Even as Women's Contributions Grow," Pew Research Center, September 20, 2017, https://www.pewresearch.org/fact-tank/2017/09/20/americans-see-men-as-the-financial-providers-even-as-womens-contributions-grow/.

56 남성의 대학 진학률이 떨어진다

1 "CPS Historical Time Series Tables on School Enrollment," United States Census Bureau, February 2, 2021, https://www.census .gov/data/tables/time-series/demo/school-enrollment/cps-historical-time-series.html.

2 Richard V. Reeves and Ember Smith, "The Male College Crisis Is Not Just in Enrollment, but Completion," The Brookings Institiution, October 8, 2021, https://www.brookings.edu/blog/up-front/2021/10/08/the-male-college-crisis-is-not-just-in-enrollment-but-completion/

3 "Overview: Fall 2021 Enrollment Estimates," National Student Clearinghouse Research Center, accessed February 25, 2022, https://nscresearchcenter.org/wp-content/uploads/CTEE_Report_Fall_2021.pdf.

57 데이트 앱, 불평등의 온상이 되다

1 Jason Kincaid, "OkCupid Checks Out the Dynamics of Attraction and Your Love Inbox," *TechCrunch*, November 18, 2009, https://techcrunch.com/2009/11/18/okcupid-inbox-attractive; Worst-Online-Dater, "Tinder Experiments II: Guys, Unless You Are Really Hot You Are Probably Better Off Not Wasting Your Time on Tinder-A Quantitative Socio-Economic Study," *Medium*, March 24, 2015, https://medium.com/@worstonlinedater/tinder-experiments-ii-guys-unless-you-are-really-hot-you-are-probably-better-off-not-wasting-your-2ddf370a6e9a.

2 Dan Kopf, "These Statistics Show Why It's So Hard to Be an Average Man on Dating Apps," Quartz, August 15, 2017, https://qz.com/1051462/these-statistics-show-why-its-so-hard-to-be-an-average-man-on-dating-apps/.

58 정치적 분열이 대를 잇는다

1 Wendy Wang, "Marriages Between Democrats and Republicans Are Extremely Rare," Institute for Family Studies, November 3, 2020, https://ifstudies.org/blog/marriages-between-democrats-and-republicans-are-extremely-rare.

2 Robert P. Jones and Maxine Najle, "American Democracy in Crisis: The Fate of Pluralism in a Divided Nation," Public Religion Research Institute, February 19, 2019, https://www.prri.org/research/american-democracy-in-crisis-the-fate-of-pluralism-in-a-divided-nation/

59 캥거루족이 늘어난다

1   Cohn, Fry, and Passel, "A Majority of Young Adults in the U.S. Live With Their Parents for the First Time Since the Great Depression."

60 인구 증가율 둔화가 대공황 수준이다

1   "2020 Census Shows U.S. Population Grew at Slowest Pace Since the 1930s," *Washington Post*, accessed February 25, 2022, https://www.washingtonpost.com/dc-md-va/interactive/2021/2020-census-us-population-results/.

2   William H. Frey, "The 2010s Saw the Lowest Population Growth in U.S. History, New Census Estimates Show," The Brookings Institution, December 22, 2020, https://www.brookings.edu/blog/the-avenue/2020/12/22/the-2010s-saw-the-lowest-population-growth-in-u-s-history-new-census-estimates-show/

61 남녀 모두에게 불평등하다

1   Amanda Barroso and Anna Brown, "Gender Pay Gap in U.S. Held Steady in 2020," Pew Research Center, May 25, 2021, https://www.pewresearch.org/fact-tank/2021/05/25/gender-pay-gap-facts; Tara Haelle, "Girls Three Times More Likely To Self-Harm Than Boys-And Need Help," *Forbes*, October 19, 2017, https://www.forbes.com/sites/tarahaelle/2017/10/19/girls-three-times-more-likely-to-self-harm-than-boys-and-need-help/?sh=c4175827a0c5; "Preventing Intimate Partner Violence," Centers for Disease Control and Prevention, accessed February 25, 2022, https://www.cdc.gov/violenceprevention/intimatepartnerviolence/fastfact.html; Amanda Barroso and Juliana Menasce Horowitz, "The Pandemic Has Highlighted Many Challenges for Mothers, but They Aren't Necessarily New," Pew Research Center, March 17, 2021, https://www.pewresearch.org/fact-tank/2021/03/17/the-pandemic-has-highlighted-many-challenges-for-mothers-but-they-arent-necessarily-new; Richard V. Reeves and Ember Smith, "The Male College Crisis Is Not Just in Enrollment, but Completion," Brookings Institiution, October 8, 2021, https://www.brookings.edu/blog/up-front/2021/10/08/the-male-college-crisis-is-not-just-in-enrollment-but-completion; John Gramlich, "Recent Surge in U.S. Drug Overdose Deaths Has Hit Black Men the Hardest," Pew Research Center, January 19, 2022, https://www.pewresearch.org/fact-tank/2022/01/19/recent-surge-in-u-s-drug-overdose deaths-has-hit-black-men-the-hardest; "Suicide Statistics," National

Foundation for Suicide Prevention, accessed February 25, 2022, https://afsp.org/suicide-statistics; "Inmate Gender," Federal Bureau of Prisons, accessed Feburary 25, 2022, https://www.bop.gov/about/statistics/statistics_inmate_gender.jsp.

62 고독하고 폭력적인 남성이 늘어난다

1 "Many Mass Shooters Share a Common Bond: Male Grievance Culture," *WAMU*, August 13, 2019, https://wamu.org/story/19/08/13/many-mass-shooters-share-a-common-bond-male-grievance-culture/.

2 "Mass Attacks in Public Spaces—2019," U.S. Department of Homeland Security, accessed February 25, 2022, https://www.secretservice.gov/sites/default/files/reports/2020-09/MAPS2019.pdf.

63 정부를 더 이상 믿지 않는다

1 Aidan Connaughton, Shannon Schumacher, Laura Silver, and Richard Wike, "Many in U.S., Western Europe Say Their Political System Needs Major Reform," Pew Research Center, March 31, 2021, https://www.pewresearch.org/global/2021/03/31/many-in-us-western-europe-say-their political-system-needs-major-reform/.

2 "Public Trust in Government: 1958 – 2021," Pew Research Center, May 17, 2021, https://www.pewresearch.org/politics/2021/05/17/public-trust-in-government-1958-2021/.

64 인종 간 격차는 더 벌어졌다

1 Ana Hernández Kent and Lowell Ricketts, "Wealth Gaps Between White, Black and Hispanic Families in 2019," Federal Reserve Bank of St. Louis, January 5, 2021, https://www.stlouisfed.org/on--the-economy/2021/january/wealth-gaps-white-black-hispanic-families-2019

2 Hernández Kent and Ricketts, "Wealth Gaps Between White, Black and Hispanic Families in 2019."

3 Patricia Cohen, "Beyond Pandemic's Upheaval, a Racial Wealth Gap Endures," *New York Times*, April 9, 2021, https://www.nytimes.com/2021/04/09/business/economy/racial-wealth-gap.html.

65 벤처캐피털 = 백인 + 남성 + 아이비리그

1   Richard Kerby, "Where Did You Go to School?" *Medium*, July 30, 2018, https://
    medium.com/@kerby/where-did-you-go-to-school-bde54d846188.

CHAPTER 7 위기 혹은 기회

1   Avi Flamholz, Yinon M Bar-On, Ron Milo and Rob Phillips, "SARS-CoV-2 (COVID-19)
    By The Numbers." *eLife* (April 2020): doi:10.7554/eLife.57309; "Hazard Prevention and
    Control in the Work Environment: Chapter 1—Dust: Definitions and Concepts," World
    Health Organization, 1999, https://www.who.int/occupational_health/publications/en/
    oehairbornedust3.pdf.

2   Christian Lansang and Darrell M. West, "Global Manufacturing Scorecard: How the US
    Compares to 18 Other Nations," The Brookings Institution, July 10, 2018, https://www.
    brookings.edu/research/global-manufacturing-scorecard-how-the-us-compares-to-18-
    other-nations/.

3   Alyssa Leng and Roland Rajah, "The US-China Trade War Who Dominates Global
    Trade?" Lowy Institute, accessed February 25, 2022, https://interactives.lowyinstitute.
    org/charts/china-us-trade-dominance/us-china-competition/

4   James T. Areddy, "China Is Working Its Way Up From Sweatshops to Skilled Jobs," *Wall
    Street Journal*, Dec. 6, 2019 https://www.wsj.com/articles/china-is-working-its-way-up-
    from-sweatshops-to-skilled-obs-11575464404.

66 최강국의 입지는 공고하다

1   Matt Hourihan, "A Snapshot of U.S. R&D Competitiveness: 2020 Update," American
    Association for the Advancement of Science, 2020, https://www.aaas.org/sites/default/
    files/2020-10/AAAS%20International%20Snapshot.pdf.

2   "The Complete List of Unicorn Companies," CBInsights, accessed February 25, 2022,
    https://www.cbinsights.com/research-unicorn-companies.

3   Giacomo Tognini, "The Countries with the Most Billionaires 2021," *Forbes*, April 6,
    2021, https://www.forbes.com/sites/giacomotognini/2021/04/06/the-countries-with-
    the-most-billionaires-2021/?sh=35e1e458379b.

4   "Military Expenditure (Current USD)," World Bank Group, accessed February 25, 2022, ttps://data.worldbank.org/indicator/MS.MIL.XPND.CD.

5   "GDP (Current US$)," World Bank Group, accessed February 25, 2022, https://data. worldbank.org/indicator/NY.GDP.MKTP.CD.

6   "GDP (Current US$)"; Tognini, "The Countries with the Most Billionaires 2021"; Hourihan, "A Snapshot of U.S. R&D Competitiveness: 2020 Update"; Bryan Murphy, "Which Countries Have Won the Most Olympic Medals?" NBC Sports, February 3, 2022, https://www.nbcsports.com/bayarea/beijing-2022-winter-olympics/which-countries-have-won-most-olympic-medals; "Military Expenditure (Current USD)"; "The Complete List of Unicorn Companies"; "Global Top 100 Companies By Market Capitalisation," PWC, accessed Februrary 25, 2022, https://www.pwc.com/gx/en/audit-services/publications/ assets/pwc-global-top-100-companies-2021.pdf; Lyn Alden, "January 2022 Newsletter: The Capital Sponge," Lyn Alden Investment Strategy, January 16, 2022, https://www.lynalden.com/january-2022- newsletter; Xingyang, "The 50 Highest-Grossing Movies of All Time," IMDB, February 3, 2011, https://www.imdb.com/list/ls000021718; Mike Ozanian, "World's Most Valuable Sports Teams 2021," *Forbes*, May 7, 2021, https://www.forbes.com/sites/mikeozanian/2021/05/07/worlds-most-valuable-sports-teams-2021/?sh=562694663e9e.

67 기축통화 프리미엄이 도전받는다

1   Sandra Kollen Ghizoni, "Creation of the Bretton Woods System," Federal Reserve Bank of St. Louis, November 22, 2013, https://www.federalreservehistory.org/essays/bretton-woods-created.

2   Kollen Ghizoni, "Creation of the Bretton Woods System."

3   Sandra Kollen Ghizon, "Nixon Ends Convertibility of U.S. Dollars to Gold and Announces Wage/Price Controls," Federal Reserve Bank of St. Louis, November 22, 2013, https://www.federalreservehistory.org/essays/gold-convertibility-ends.

4   "Fiat Money: Money With No Intrinsic Value But Made Legal Tender by a Government Order," Corporate Finance Institute, accessed February 25, 2022, https://corporatefinanceinstitute.com/resources/knowledge/economics/fiat-money-currency/.

5   Harold James, "The Dollar Wars Return," *Project Syndicate*, September 2003, https://web.archive.org/web/20060529133021/http://www.project-syndicate.org/

commentary/1334/1.

6 "GDP(current US$)."

7 Serkan Arslanalp and Chima Simpson-Bell, "US Dollar Share of Global Foreign Exchange Reserves Drops to 25-Year Low," International Monetary Fund, May 5, 2021, https://blogs.imf.org/2021/05/05/us-dollar-share-of-global-foreign-exchange-reserves-drops-to-25-year-low/; "Gross Domestic Product 2020," 세계은행, 접속일 2022년 2월 25일, https://databank.worldbank.org/data/download/GDP.pdf.

68 최대 교역국 자리를 빼앗긴 지 오래다

1 "Belt and Road Initiative," Belt and Road Initiative, accessed February 25, 2022, https://www.beltroad-initiative.com/belt-and-road/.

2 "Global Trade: How to Deal with China," *Economist*, accessed February 25, 2022, https://www.economist.com/leaders/2021/01/09/how-to-deal-with-china.

69 군비의 가치가 떨어진다

1 "World Military Spending Rises to Almost $2 Trillion in 2020," Stockholm International Peace Research Institute, April 26, 2021, https://www.sipri.org/media/press-release/2021/world-military-spending-rises-almost-2-trillion-2020.

2 Peter E. Robertson, "The Real Military Balance: International Comparisons of Defense Spending," *Review of Income and Wealth* (2021), https://doi.org/10.1111/roiw.12536.

3 Robertson, "The Real Military Balance."

4 "Buck for the Bang: Nominal Spending Figures Understate China's Military Might," *Economist*, May 1, 2021, https://www.economist.com/graphic-detail/2021/05/01/nominal-spending-figures-understate-chinas-military-might.

5 Robertson, "The Real Military Balance."

70 더 많이 쓰면서도 자주 진다

1 "Buck for the Bang: Nominal Spending Figures Understate China's Military Might."

2 "World Military Spending Rises to Almost $2 Trillion in 2020," SIPRI, 26 April 2021, https://sipri.org/media/press-release/2021/world-military-spending-rises-almost-2-trillion-2020; "Gross Domestic Product 2020"; Dawood Azami, "Afghanistan: How Do the Taliban Make Money?" BBC, August 28, 2021, https://www.bbc.com/news/

world-46554097.

71 중국산 드론 전쟁

1   Bruce Einhorn, Lucille Liu, Colum Murphy, and Nick Wadhams, "Combat Drones
    Made in China Are Coming to a Conflict Near You," University of Pennsylvania, March
    18, 2021, https://global.upenn.edu/perryworldhouse/news/combat-drones-made-china-
    are-coming-conflict-near-you.

2   Bruce Einhorn, "Combat Drones Made in China Are Coming to a Conflict Near You:
    Growing Sales of the Aircraft Threaten to Spark a Global Arms Race," *Bloomberg
    Businessweek*, March 17, 2021, https://www.bloomberg.com/news/articles/2021-03-17/
    china-s-combat-drones-push-could-spark-a-global-arms-race?sref=AhQQoPzF.

3   Einhorn, "Combat Drones Made in China Are Coming to a Conflict Near You."

72 질병과의 전쟁에서 완패했다

1   Carmen Ang, "This Is How Coronavirus Compares to the World's Smallest
    Particles," World Economic Forum, October 15, 2020, https://www.weforum.org/
    agenda/2020/10/covid-19-coronavirus-disease-size-compairson-zika-health-air-
    pollution/.

2   Associated Press, "US Tops 500,000 Virus Deaths, Matching the Toll of 3 Wars," *U.S.
    News and World Report*, February 22, 2021, https://www.usnews.com/news/health-news/
    articles/2021-02-22/vaccine-efforts-redoubled-as-us-death-toll-draws-near-500k

3   "Spotlight: FY 2021 Defense Budget," U.S. Department of Defense, accessed February
    25, 2022, https://www.defense.gov/Spotlights/FY2021-Defense-Budget; "FY 2021
    Operating Plan," Center for Disease Control and Prevention, accessed February 25,
    2022, https://www.cdc.gov/budget/documents/fy2021/FY-2021-CDC-Operating-Plan.
    pdf.

73 미국이라는 최고 브랜드가 녹슬고 있다

1   "The 'Reagan Doctrine' Is Announced," History, accessed February 25, 2022, https://
    www.history.com/this-day-in-history/the-reagan-doctrine-is-announced.

2   Evan D. McCormick, Brian K. Muzas, An drew S. Natsios, Jayita Sarkar, and Gail E.S.
    Yoshitani, "Policy Roundtable: Does Reagan's Foreign Policy Legacy Live On?," *Texas*

National Security Review, October 9, 2018, https://tnsr.org/roundtable/policy-roundtable-does-reagans-foreign-policy-legacy-live-on/.

3 "Most Believe the U.S. Is No Longer a Good Model of Democracy," Pew Research Center, October 29, 2021, https://www.pewresearch.org/global/2021/11/01/what-people-around-the-world-like-and-dislike-about-american-society-and-politics/pg_2021-11-01_soft-power_0-04/.

4 "Favorability of the U.S. Is Up Sharply Since 2020," Pew Research Center, June 9, 2021, https://www.pewresearch.org/global/2021/06/10/americas-image-abroad-rebounds-with-transition-from-trump-to-biden/pg_2021-06-10_us-image_00-013/

74 R&D 경쟁력이 위태롭다

1 "Global Research and Development Expenditures: Fact Sheet," Congressional Research Service, accessed February 25, 2022, https://sgp.fas.org/crs/misc/R44283.pdf.

2 Emily Mullin, "Moderna Lands $25M Grant to Develop Its RNA Platform Against Infectious Diseases, Bioterror," FierceBioTech, October 2, 2013,https://www.fiercebiotech.com/r-d/moderna-lands-25m-grant- to-develop-its-rna-platform-against-infectious-diseases-bioterror.

3 Peter Loftus, "Moderna Plans to Expand Production to Make Covid-19 Vaccine Boosters, Supply More Countries," *Wall Street Journal*, June 21, 2021, https://www.wsj.com/articles/moderna-plans-to-expand-production-to-make-covid-19-vaccine-boosters-supply-more-countries-11624273200.

4 "Global Research and Development Expenditures: Fact Sheet."

5 "Global Research and Development Expenditures: Fact Sheet."

75 중국 없이 청정에너지는 없다

1 Mike Baker and Jack Healy, "As Miners Chase Clean-Energy Minerals, Tribes Fear a Repeat of the Past," *New York Times*, December 27, 2021, https://www.nytimes.com/2021/12/27/us/mining-clean-energy-antimony-tribes.html.

2 "The Role of Critical Minerals in Clean Energy Transitions," International Energy Agency, accessed February 2022, https://www.iea.org/reports/the-role-of-critical-minerals-in-clean-energy-transitions/executive-summary

76 중국과 기업 경쟁이 치열해졌다

1   Justin Jimenez, Tom Orlik, and Cedric Sam, "World-Dominating Superstar Firms Get Bigger, Techier, and More Chinese," Bloomberg, May 21, 2021, https://www.bloomberg.com/graphics/2021-biggest-global-companies-growth-trends/?sref=AhQQoPzF.

2   Jimenez, Orlik, and Sam, "World-Dominating Superstar Firms Get Bigger, Techier, and More Chinese."

3   Jimenez, Orlik, and Sam, "World-Dominating Superstar Firms Get Bigger, Techier, and More Chinese."

CHAPTER 8 혁신의 광풍

1   Andrew Pollack, "Bell System Breakup Opens Era of Great Expectations and Great Concern," *New York Times*, January 1, 1984, https://www.nytimes.com/1984/01/01/us/bell-system-breakup-opens-era-of-great-expectations-and-great-concern.html.

2   Bret Swanson, "Lessons From The AT&T Break Up, 30 Years Later," American Enterprise Institute, January 3, 2014, https:// www.aei.org/technology-and-innovation/lessons-att-break-30-years-later/.

3   Kate Ballen and Kenneth Labich, "Was Breaking Up AT&T a Good Idea?," *Fortune*, January 2, 1989, https://money.cnn.com/magazines/fortune/fortune_archive/1989/01/02/71446/.

77 위기가 성장을 촉발한다

1   "Black Death: Effects and Significance," *Encyclopedia Britannica*, accessed February 25, 2022, https://www.britanica.com/event/Black-Death/Effects-and-significance.

2   Nico Voigtländer and Hans-Joachim Voth, "The Three Horsemen of Riches: Plague, War, and Urbanization in Early Modern Europe," *The Review of Economic Studies* 80, no. 2 (April 2013): 774–811, http://www.eief.it/files/2010/04/hans-joachim-voth.pdf.

78 불황 속에서 가치가 재편된다

1   Emily C. Bianchi, "The Bright Side of Bad Times: The Affective Advantages of Entering the Workforce in a Recession," *Administrative Science Quarterly* 58, no. 4

(December 2013): 587 – 623, https://doi.org/10.1177/0001839213509590.

79 혁신의 광풍이 필요하다

1   Andrea Hsu, "New Businesses Soared to Record Highs in 2021. Here's a Taste of One of Them," NPR, January 12, 2022, https://www.npr.org/2022/01/12/1072057249/new-business-applications-record-high-great-resignation-pandemic-entrepreneur.

2   Kenan Fikri, Daniel Newman, and Jimmy O'Donnell, "The Startup Surge? Unpacking 2020 Trends in Business Formation," Economic Innovation Group, February 8, 2021, https://eig.org/news/the-startup-surge-business-formation-trends-in-2020.

80 이민자 없이는 기회도 없다

1   Dan Kosten, "Immigrants as Economic Contributors: Immigrant Entrepreneurs," National Immigration Forum, July 11, 2018, https://immigrationforum.org/article/immigrants-as-economic-contributors-immigrant-entrepreneurs/

2   Kosten, "Immigrants as Economic Contributors."

3   "National Report on Early-Stage Entrepreneurship in the United States: 2020," Indicators of Entrepreneurship, accessed February 25, 2022, https://indicators.kauffman.org/wp-content/uploads/sites/2/2021/03/2020_Early-Stage-Entrepreneurship-National-Report.pdf.

81 아메리칸드림은 끝나지 않았다

1   "From Struggle to Resilience: The Economic Impact of Refugees in America," New American Economy, June 2017, http://research.newamericconomy.org/wp-content/uploads/sites/2/2017/11/NAE_Refugees_V6.pdf.

82 금융 소외 계층을 포용하라

1   "World Population Prospects 2019," United Nations, accessed February 25, 2022, https://population.un.org/wpp/Download/Standard/Interpolated/; "The Global Findex Database 2017: The Unbanked," World Bank Group, accessed February 25, 2022, https://globalfindex.worldbank.org/chapters/unbanked.

2   "2017 Findex Full Report: Chapter 2: Unbanked," World Bank Group, accessed February 25, 2022, https://globalfindex.worldbank.org/sites/globalfindex/files/

chapters/2017%20Findex%20full%20report_chapter2.pdf.

3   "Population, Total—Argentina," World Bank Group, accessed February 25, 2022, https://data.worldbank.org/indicator/SP.POP.TOTL?locations=AR.

4   Peter Renton, "Podcast 331: Pierpaolo Barbieri of Ualá," LendIt Fintech, December 17, 2021, https://www.lendacade my.com/podcast-331-pierpaolo-barbieri-of-uala/.

5   Renton, "Podcast 331: Pierpaolo Barbieri of Ualá."

6   "The Global Findex Database: About," World Bank Group, accessed February 25, 2022, https://globalfindex.worldbank.org/.

CHAPTER 9 가능한 미래

1   Amrith Ramkumar, "Microsoft's Market Value Hits a Dot-Com Era Milestone: $600 Billion," *Wall Street Journal*, October 19, 2017, https://www.wsj.com/articles/microsofts-market-value-hits-a-dot-com-era-milestone-600-billion-1508445303.

2   "Boardwatch Magazine: Guide to the Internet, World Wide Web and BBS," *Boardwatch Magazine*, May 1996, https://archive.org/details/boardwatch-1996-05/mode/2up.

3   "U.S. v. Microsoft Court's Findings of Fact," United States Department of Justice, November 5, 1999, https://www.justice.gov/atr/us-v-micro soft-courts-findings-fact.

83 미국의 돈놀이가 계속될까

1   Eric Milstein and David Wessel, "What Did the Fed Do in Response to the COVID-19 Crisis?" The Brookings Institution, December 17, 2021. https://www.brookings.edu/research/fed response-to-covid19/

2   Drew Desilver, "Inflation Has Risen Around the World, but the U.S. Has Seen One of the Biggest Increases," Pew Research Center, November 24, 2021, https://www.pewresearch.org/fact-tank/2021/11/24/inflation-h s-risen-around-the-world-but-the-u-s-has-seen-one-of-the-biggest-increases/.

3   "Real M2 Money Stock," Federal Reserve Bank of St. Louis, accessed February 25, 2022, https://fred.stlouisfed.org/series/M2REAL.

84 초인플레이션이라는 망령

1 "German Hyperinflation 1922/23: A Law and Economics Approach," *Germany: Eul Verlag* (2010).

2 "Reparations," *Encyclopedia Britannica,* accessed February 25, 2022, https://www.britannica.com/topic/reparations.

3 Erin Blakemore, "After WWI, Hundreds of Politicians Were Murdered in Germany," History, October 26, 2018, https://www.history.com/news/political-assassinations-germany-weimar-republic.

4 Tracy Alloway, "Some Useful Things I've Learned about Germany's Hyperinflation," *Financial Times*, March 1, 2010, https://www.ft.com/content/25f43ac1-1159-3723-a90f-94fcfc1b5276.

85 좌우 모두 사회안전망에서 답을 찾는다

1 Luke Broadwater and Zach Montague, "In Infrastructure Votes, 19 Members Broke With Their Party," *New York Times*, November 12, 2021, https://www.nytimes.com/2021/11/06/us/politics/defectors-infrastructure-bill-squad.html.

2 Frank Newport, "What's in a Name? Affordable Care Act vs. Obamacare," Gallup, November 20, 2013, https://news.gallup.com/opinion/polling-matters/169541/name-affordable-care-act-obamacare.aspx.

3 "Public Social Spending as a Share of GDP, 1980 to 2016," World Bank Group, accessed February 25, 2022, https://ourworldindata.org/grapher/social-spending-oecd-longrun?time=1980.latest&country=DEU~FRA~JPN~GBR~USA.

4 "Public Social Spending as a Share of GDP, 1980 to 2016."

86 관료 좀비를 경계하라

1 "GDP Growth (Annual %)-United States, Euro Area," World Bank Group, accessed February 25, 2022, https://data.worldbank. org/indicator/NY.GDP.MKTP.KD.ZG?end=2020&locations=US-XC&start=1980.

2 "GDP Growth (Annual %)—United States, Euro Area."

87 메타버스 네이티브가 만드는 세상

1 Josh Chin, "China Spends More on Domestic Security as Xi's Powers Grow," *Wall Street Journal*, March 6, 2018, https://www.wsj.com/articles/china-spends-more-on-domestic-

security-as-xis-powers grow-1520358522.

2   "Number of Monthly Active Players of Minecraft Worldwide as of August 2021 (in Millions)," Statista, accessed February 25, 2022, https://www.statista.com/ statistics/680139/minecraft-active-players-worldwide; Brian Dean, "Roblox User and Growth Stats 2022," Backlinko, January 5, 2022, https://backlinko.com/roblox-users

88 물리적 제약이 사라진 세계

1   Willem Roper, "Remote Work Could Double Permanently," Statista, December 16, 2020, https://www.statista.com/chart/23781/remote-work-teams-departments.

89 외로움, 새로운 질병이 되다

1   Daniel A. Cox, "Men's Social Circles are Shrinking," Survey Center on American Life, June 29, 2021, https://americansurveycenter.org/why-mens-social-circles-are-shrinking

CHAPTER 10 새로운 질서

1   William J. Clinton, "First Inaugural Address of William J. Clinton," Lillian Goldman Law Library, January 20, 1993, https://avalon.law.yale.edu/20th_century/clinton1.asp.

90 세법을 간소화하라

1   "Most Serious Problems: The Complexity of the Tax Code," Taxpayer Advocate Service, 2012, https://www.taxpayeradvocate.irs.gov/wp-content/uploads/2020/08/ Most-Serious-Problems-Tax-Code-Complexity.pdf.

2   "The Tax Policy Center's Briefing Book," Tax Policy Center, accessed February 25, 2022, https://www.taxpolicycenter.org/briefing-book/what-other-countries-use-return-free-filing.

3   Scott A. Hodge, "The Compliance Costs of IRS Regulations," Tax Foundation, June 15, 2016, https://taxfoundation.org/compliance-costs-irs-regulations/

91 규제 시스템을 재건해야 한다

1   Tony Romm, "Amazon, Facebook, Other Tech Giants Spent Roughly $65 Million

to Lobby Washington Last Year," *Washington Post*, January 22, 2021, https://www.washingtonpost.com/technology/2021/01/22/amazon-facebook-google-lobbying-2020/.

2   Naomi Nix, "Amazon Is Flooding D.C. With Money and Muscle: The Influence Game," *Bloomberg Businessweek*, March 7, 2019, https://www.bloomberg.com/graphics/2019-amazon-lobbying/?sref=AhQQoPzF.

3   Jeffrey Dastin, Chris Kirkham, and Aditya Kalra, "Amazon Wages Secret War on Americans' Privacy, Documents Show," Reuters, November 19, 2021, https://www.reuters.com/investigates/special-report/amazon-privacy-lobbying.

4   "Analysis of the Fossil Fuel Industry's Legislative Lobbying and Capital Expenditures Related to Climate Change," Congress of the United States, October 28, https://oversight.house.gov/sites/democrats.oversight.house.gov/files/Analysis%20of%20the%20Fossil%20Fuel%20Industrys%20Legislative%20Lobbying%20and%20Capital%20Expenditures%20Related%20to%20Climate%20Change%20-%20Staff%20Memo%20%2810.28.21%29.pdf.

5   Office of the Inspector General, "EPA's Compliance Monitoring Activities, Enforcement Actions, and Enforcement Results Generally Declined from Fiscal Years 2006 Through 2018," Environmental Protection Agency, March 31, 2020, https://www.epa.gov/sites/default/files/2020-04/documents/_epaoig_20200331_20-p-0131_0.pdf.

92 촉법 기업을 이대로 둘 수 없다

1   "FTC Imposes $5 Billion Penalty and Sweeping New Privacy Restrictions on Facebook," Federal Trade Commission, July 24, 2019, https://www.ftc.gov/news-events/press-releases/2019/07/ftc-imposes-5-billion-penalty-sweeping-new-privacy-restrictions.

2   "FBMeta Platforms, Inc.," Seeking Alpha, accessed February 25, 2022, https://seekingalpha.com/symbol/FB/charting?axis=linear&compare=FB,SP500TR&interval=5Y&metric=marketCap

3   "Facebook Reports Fourth Quarter and Full Year 2019 Results," Facebook, accessed February 25, 2022, https://investor.fb.com/investor-news/press-release-details/2020/Facebook-Reports-Fourth-Quarter-and-Full-Year-2019-Results/default.aspx

93 소셜 미디어 기업의 폭주를 막아라

1   Esteban Ortiz-Ospina, Hannah Ritchie, and Max Roser, "Internet," Global Change Data

Lab, 2015, https://ourworldindata.org/internet.

2   G 교수의 분석.

94 수감률 1위의 오명을 벗어라

1   "8,400 Cubans Serve Time for Pre-Criminal Social Dangerousness," Civil Rights
    Defenders, January 13, 2020, https://crd.org/2020/01/13/8400-cubans-serve-time-for-
    pre-criminal-social-dangerousness/

2   "World Prison Brief Data," World Prison Brief, accessed February 25, 2022, https://
    www.prisonstudies.org/world-prison-brief-data.

95 일회적 부유세는 피할 수 없다

1   "Unemployment Rises in 2020 as the Country Battles the COVID-19 Pandemic," U.S.
    Bureau of Labor Statistics, June 2021, https://www.bls.gov/opub/mlr/2021/article/
    unemployment-rises-in-2020-as-the-country-battles-the-covid-19-pandemic.htm; "House
    Passes The Heroes Act," House Committee on Appropriations, May 15, 2020, https://
    appropriations.house.gov/news/press-releases/house-passes-heroes-act.

96 원전의 이미지 쇄신이 필요하다

1   "Nuclear Provides Carbon-Free Energy 24/7," Nuclear Energy Institute, accessed
    February 25, 2022, https://www.nei.org/fundamentals/nuclear-provides-carbon-free-
    energy.

2   Lisa Martine Jenkins, "Nuclear Energy Among the Least Popular Sources of Power in
    the U.S., Polling Shows," Morning Consult, September 9, 2020, https://morningconsult.
    com/2020/09/09/nuclear-energy-polling/.

3   Hannah Ritchie, "What Are the Safest and Cleanest Sources of Energy?" Global Change
    Data Lab, February 10, 2020, https://ourworldindata.org/safest-sources-of-energy

97 빈곤 아동 지원, 미룰 수 없다

1   "The State of America's Children: 2021," Children's Defense Fund, accessed February
    25, 2022, https://www.childrensdefense.org/wp-content/uploads/2021/04/The-State-of-
    Americas-Children-2021.pdf.

2   Rasheed Malik, "The Effects of Universal Preschool in Washington, D.C.," Center for

American Progress, September 26, 2018, https://www.americanprogress.org/article/effectseffects-universal-preschool-washington-d-c/.

3   Raj Chetty, John N. Friedman, Nathaniel Hilger, Emmanuel Saez, Diane Whitmore Schanzenbach, and Danny Yagan, "How Does Your Kindergarten Classroom Affect Your Earnings? Evidence From Project Star," *The Quarterly Journal of Economics* 126, no. 4 (March 2011): 1593−1660.

4   "Child Tax Credit Overview," National Conference of State Legislatures, February 1, 2022, https://www.ncsl.org/research/human-services/child-tax-credit-overview.aspx.

5   Kevin Corinth, Bruce Meyer, Matthew Stadnicki, and Derek Wu, "The Anti-Poverty, Targeting, and Labor Supply Effects of the Proposed Child Tax Credit Expansion," University of Chicago, Becker Friedman Institute for Economics, Working Paper No. 2021−115 (October 7, 2021), http://dx.doi.org/10.2139/ssrn.3938983.

6   Ife Floyd and Danilo Trisi, "Benefits of Expanding Child Tax Credit Outweigh Small Employment Effects," National Conference of State Legislatures, February 1, 2022, https://www.cbpp.org/research/federal-tax/benefits-of-expanding-child-tax-credit-outweigh-small-employment-effect

98 대학의 문을 넓혀라

1   "Fast Facts: Endowments," National Center for Educational Statistics, accessed February 25, 2022, https://nces.ed.gov/fastfacts/display.asp?id=73.

2   "Harvard Endowment Beats Benchmarks, Value Declines," *Harvard Gazette*, September 26, 2001, https://news.harvard.edu/gazette/story/2001/09/harvard-gazette-harvard-endowment-beats-benchmarks-value-declines; "Harvard University Fact Book,", President and Fellows of Harvard College, accessed February 25, 2022, https://oir.harvard.edu/files/huoir/files/harvard_fact_book_2003-2004.pdf; "Student Enrollment Data," Harvard University, Office of Institutional Research, accessed February 25, 2022, https://oir.harvard.edu/fact-book/enrollment; Cindy H. Zhang, "Harvard Endowment Returns 6.5 Percent for Fiscal Year 2019," The *Harvard Crimson*, Sept. 27, 2019, https://www.thecrimson.com/article/2019/9/27/harvard-endowment-returns-2019/.

99 기술 교육은 또다른 계층 사다리다

1   "Discover Apprenticeship," U.S. Department of Labor, Employment and Training

Administration, September 2020, https://www.apprenticeship.gov/sites/default/files/
Apprenticeship_Fact_Sheet.pdf.

2   Maia Chankseliani and Aizuddin Mohamed Anuar, "Cross-Country Comparison of
    Engagement in Apprenticeships: A Conceptual Analysis of Incentives for Individuals
    and Firms," *International Journal for Research in Vocational Education and Training* 6,
    no. 3 (December 2019): 261–83, doi:10.13152/IJRVET.6.3.4; Colin John Becht,
    "Apprenticing America: The Effects of Tax Credits for Registered Apprenticeship
    Programs," Georgetown University, Graduate School of Arts and Sciences, April 19,
    2019, https://repository.library.georgetown.edu/bitstream/handle/10822/1055057/
    Becht_georgetown_0076M_14207.pdf?sequence=1&isAllowed=y.

100 국가 공공 서비스를 확충하라

1   Katherine Schaeffer, "The Changing Face of Congress in 7 Charts," Pew Research
    Center, March 10, 2021, https://www.pewresearch.org/fact-tank/2021/03/10/the-
    changing-face-of-congress/

2   Justin Tabor, "What Does Success Look Like as a Peace Corps Volunteer?" Peace
    Corps, November 23, 2020, https://www.peacecorps.gov/stories/what-does-success-
    look-peace-corps-volunteer/.

3   Clive R. Belfield, "The Economic Value of National Service," University of
    Pennsylvania, Center for Benefit-Cost Studies of Education, 2013, https://repository.
    upenn.edu/cgi/viewcontent.cgi?article=1021&context=cbcse.

결론

1   Robert D. McFadden, "Hiroo Onoda, Soldier Who Hid in Jungle for Decades, Dies at
    91," *New York Times*, January 17, 2014, https://www.nytimes.com/2014/01/18/world/
    asia/hiroo-onoda-imperial-japanese-army-officer-dies-at-91.html.

2   Christopher Ingraham, "The Share of Americans Not Having Sex Has Reached a
    Record High," *Washington Post*, March 29, 2019, https://www.washingtonpost.com/
    business/2019/03/29/share-americans-not-having-sex-has-reached-record-high/.

3   Philip Bump, "Most Republicans See Democrats Not as Political Opponents but as

Enemies," *Washington Post*, February 10, 2021, https://www.washingtonpost.com/
politics/2021/02/10/most-republicans-see-democrats-not-political-opponents-enemies/

4   Tami Luhby, "Many Millennials Are Worse off Than Their Parents—a First in American
History," CNN, January 11, 2020, https://www.cnn.com/2020/01/11/politics/
millennials-income-stalled-upward-mobility-us/index.html.

미국이라는 우상에 관한
신선한 내러티브

강남규 중앙일보 국제경제 선임기자

　새벽 5시쯤이면 눈이 떠진다. 습관적으로 스마트폰을 들어 이메일을 확인한다. 왼손 엄지로 스마트폰 스크린을 밀어 올린다. 이메일 수십 개 가운데 눈길을 끄는 뉴스레터(정기 메일)가 있다. 제목 때문이다.

　"No Mercy/ No Malice."

　문맥을 살려 우리말로 옮기면 "자비도 없지만 악의도 없다!"쯤 된다. 보내는 사람은 스콧 갤러웨이 뉴욕대학교 스턴경영대학원 교수다. 그가 정기적으로 띄우는 뉴스레터에는 애플과 구글 등 정보기술(IT) 공룡을 비판하는 글로 가득하다. 상당히 어울리지 않는 조합이다. 갤러웨이 교수가 속한 뉴욕대학교는 미국 돈의 도시인 뉴욕에 있는 대학답게 아주 실용적이다. 이웃의 뉴욕시립대학교나 뉴스쿨대학교The New School처럼 아카데믹하지 않고, 미국 진보를 뜻하는 '리버럴liberal' 학풍과는 거리가 더 멀다. 더욱이 그는 디지털 마케팅을 가르친다. 스턴경영대학원에는 '닥터 둠Doctor Doom' 누리엘 루비니Nouriel Roubini 교수도 적을 두고 있는데, 그 역시 현실 경제의 리스크를 외면하지 않는 인물이다. 돈을 버는 방법을 중시하고 가르치는 뉴욕대학교, 그것도 경영대학원에 경제를 비평하는 학자 두 명이나 자리 잡고 있다는 것이 놀랍다.

갤러웨이 교수의 레터를 언제부터 받아보았는지 기억이 가물가물하다. 그만큼 오래됐다는 뜻이다. 그런 그가 다시 내 시선을 잡아챈 것은 바로 이 책『표류하는 세계』를 통해서다. 이 책은 기자들이 기사를 평가할 때 쓰는 최상급 표현인 "재미있다!"라는 말에 딱 들어맞는다. 내용과 형식 모두 상투성에서 벗어나 있기 때문이다.

21세기 우상을 깨다

몇 년 전『아부의 기술』을 쓴 리처드 스텐절Richard Stengel을 인터뷰한 적이 있다. 그는 시사 주간지《타임》의 에디터 출신으로, 미국 국무부에서 공공외교를 담당하기도 했다. 그는 인터뷰에서 "비전vision이라는 말은 애초 예수나 부처, 마호메트급 인물을 꾸며주는 말이었다"며 "아부가 인민화한 탓인지 성공 이면에 운이 크게 작용한 경영자에게도 비전이란 말이 마구 쓰인다"라고 지적했다.

갤러웨이 교수가 전작에서 묵시록의 4기사에 비유하기도 했던 IT 4대 천왕 애플과 구글, 아마존, 페이스북의 경영자 앞에는 "비전"이란 말이 상투적으로 붙는다. 그들이 21세기 예수나 부처급 인물이란 말인가. 이런 의구심에 갤러웨이 교수는 에두르지 않고 '혁신의 우상화'를 비판한다. "애덤 노이먼의 회사 위워크가 2019년 상장을 신청했을 때 '애덤'은 투자 설명서에 169번이나 등장했다. … 혁신가를 숭배하는 현상은 최근 상장을 위한 기업공개 서류 전체에 걸쳐 드러난다."('26 혁신가를 숭배한다') 위워크의 상장은 신청 한 달 만에 무산됐고, 노이먼은 해고됐다. 우상으로 추앙받던 인물의 몰락은 너무나 허무했다. 갤러웨이 교수는 비판의 강도를 높여 디지털 마케팅 교수라는 타이틀마저 도마 위에 올려놓을 듯하다. "회사의 사명선언문은 … 최악으로는 실제 제품과 수익 창출 수단을 완전히 모호하게 만들어서 사업의 광범위한 연관성을 엄청나게 과장한다."('30 비전과 헛소리의 경계가 없다')

분량에 제약이 없다면 인용하고 싶은 대목이 99개로도 모자랄 정도다. 심각한 국가 부채를 부른 과거 미국의 경제 정책 실패에 관한 '1 부자 감세가 부채를 키웠다', 소셜 미디어로 인해 파편화되는 인간 관계를 다룬 '53 '자연스러운 만남'은 없다', 미국 사회에 만연한 불평등 문제를 지적한 65 벤처캐피털=백인+남성+아이비리그" 등 주옥같은 글이 꼬리를 문다.

그의 통찰을 따라가다 보면, 아주 자연스럽게 한국 상황이 겹친다. 한국의 경제와 경영 시스템과 관행 등은 아주 미국적이다. 복잡한 사정이 있지만, 단순하게 이야기하면 미국에서 성패가 검증되었기 때문에 따라 하는 게 효율적이고 리스크가 적다는 통념이 똬리를 틀고 있는 탓이다. 이 책에 수록된 숱한 데이터들은 한국에서도 현재 진행형이거나 아주 가까운 미래에 일어날 이야기를 가리킨다. 특히 노인 세대에게 미래를 빼앗긴 젊은 세대의 문제를 지적한 '54 가난하고 아픈 싱글이 늘어난다', '59 캥거루족이 늘어난다' 등, 한국과 데칼코마니 같은 미국의 현실을 드러내 보여주면서 "한국이라고 다를 게 없지?"

라고 꼬집는 듯하다. 물론 '66 최강국의 입지는 공고하다', '67 기축통화 프리미엄이 도전받는다' 등 몇몇 글은 우리와 거리가 좀 있다. 그럼에도 이 책은 지금까지 한국의 성공 방정식이 여전히 유효한지에 대해 독자 스스로 질문을 던지게 만든다.

데이터, 또 하나의 내러티브

미국은 다양성 때문인지 경제 교수나 전직 경영자 가운데 현실을 고발하거나 기업 경영 현실을 지적하는 사람이 한국보다 많은 편이다. 레너드 세일즈Leonard Sayles 전 컬럼비아대학교 교수 등이 대표적이다. 세일즈는 『두 얼굴의 CEOThe rise of the Rogue Executive』를 써 신자유주의 시대 영웅으로 떠오른 최고경영자(CEO)의 문제를 꼬집었다. 세일즈 같은 인물의 문제의식은 날카롭고 아주 구체적이지만 형식미가 떨어지곤 한다. 사례 중심이지만 전통적인 서술 방식을 취하고 있어 "순 글밭"인 경우가 대부분이다. 100개의 데이터를 직관적인 인포그래픽으로 나타낸 이 책처럼 시각 자료를 잘 활용하는 경우가 드물다.

시각 자료와 데이터를 잘 활용한 대표 명저로 바로 19세기 경제 고전, 카를 마르크스의 『자본론』을 들 수 있다. 『자본론』이 수리경제학의 출발점이란 사실은 잘 알려지지 않았다. 마르크스는 여러 가지 데이터와 수식을 활용해 논리를 전개했는데, 1860년대까지 마르크스만큼 데이터를 잘 활용한 경제학자는 거의 없었다. 그 시절 새로운 내러티브를 선보인 셈이다.

경제사상사에 관심 있는 사람이 보기에 갤러웨이 교수는 대기업(독점 자본)이 등장한 1870년대 이전의 자유경쟁 시절을 회고하는 듯하다. 사실 정치적 입장과 무관하게 미국에서 경제 비평서를 쓴 사람들의 상당수가 독과점 탄생 이전으로 돌아가야 한다는 주장을 한다. 어떤 의미에선 상당히 복고적 보수주의자인 셈이다. 그만큼 논점이 진부할 수 있다.

이런 한계를 갤러웨이 교수는 마르크스처럼 새로운 내러티브로 뛰어넘는다. 이 책에는 "세상에 이런 게 있었나!" 하는 감탄을 자아낼 만한 재미있는 데이터가 무수히 등장한다. 늘 신선한 데이터에 목말라하는 기자의 본능을 자극한다. 이 책에 담긴 데이터 가운데 상당수가 최근 수치만 확인하면 훌륭한 기사 한 편이 나올 수 있을 정도다. 미국에 관한 100가지 팩트를 명료하게 제시한 이 책이 독자들에게도 앞으로 닥칠 시대에 관한 깊은 영감과 통찰을 전해줄 것이다.

이 글을 쓰기 시작하면서 맺음말을 정해놓았는데, 다음과 같다.

"Many Thanks, Scott!"

추천의 말

오건영 신한은행 WM그룹 팀장

매크로 경제 분석을 하다 보니 글로벌 경제에서 가장 큰 비중을 차지하는 미국 경제에 관한 책들을 많이 접하게 된다. 경제 관련 공부를 많이 하지만 여전히 복잡한 경제 관련 서적을 만나면 빡빡하다는 느낌을 많이 받는다. 경제라는 분야 자체가 딱딱하기도 하지만 빼곡히 적혀 있는 각종 식과 도표, 그리고 그래프 때문에 더욱더 재미없다는 느낌을 받을 수밖에 없다. 그러다 보니 그런 책들에 들어 있는 각종 그래프를 꼼꼼히 확인하지 않고 책 속 저자의 설명에 의존해서 일견으로 보다가 지나가곤 하게 된다.

『표류하는 세계』는 지금의 미국 경제가 어떠한지, 그리고 지금의 미국 경제가 만들어지는 과정에서 어떤 일들이 벌어졌는지를 100개의 주요한 차트를 통해서 보여준다. 100개라고 하면 일단 주눅이 들지만 그런 편견에서는 멀어져도 좋다. 다른 책과는 달리 차트가 많은 대신 읽어야 할 글이 매우 적다. 그리고 매우 중요한 데이터를 아주 단순하고 한 눈에 보기 좋게, 그리고 하나하나 직관적으로 친절한 설명을 담고 있다. 그래서 경제 서적임에도 결코 딱딱하지 않다. 이 책에 대한 저자의 기획 의도는 적어도 나에게는 주효했다.

읽기 쉽지만 그렇다고 가볍지 않다. 이 책의 차트들은 하나하나 지금의 미국 경제의 문제들을 정확하게 묘사한다. 미국 경제의 빠른 성장 과정에서 나

322

타난 부작용들이 미국 내 구성원들의 다양한 불평등으로 나타나고 있음을 직관적으로 파악할 수 있다.

처음에는 따분한 미국 경제 얘기라는 느낌으로 책을 읽는다. 그렇지만 페이지를 넘기면서 꽤 재미있다는 느낌을 받다가 잘 읽힌다는 느낌으로 어느새 바뀌어 있다. 책의 마지막 그래프를 넘기면서는 "미국 경제, 생각보다 만만치 않겠네"라는 생각으로 끝맺게 된다. 자연스럽게 미국 경제의 현황을 접할 수 있는 양서이다.

유목민(이승진) 〈유목민의 시그널리포트〉 발행인

성공적인 투자를 위해서는 미국 주식을 하지 않더라도 미국이라는 나라에 대해 많이, 자세히 알아야 한다. 미국은 오늘날 세계 질서의 시작이자 기회이고, 또 모든 위기의 총합이기 때문이다.

놀랍게도 역사 속에서 위기와 기회는 미국을 중심으로 반복돼 왔다. 그리고 다가올 2023년의 위기와 2025년의 기회는 또다시 미국을 중심으로 벌어질 것이다. 미국의 어제와 오늘, 그리고 세계가 나아갈 방향을 100개 인포그래픽으로 그려낸 스콧 갤러웨이의 이 책을 통해 독자들은 미국을 이해하는 가장 빠른 통찰을 얻을 것이다. 이 책이 새로운 부를 얻기 위한 길잡이가 되어줄 것이라 믿어 의심치 않는다. 단 몇 시간의 투자로 미국을 이토록 쉽게 이해할 수 있는 단 한 권의 책이다.

옮긴이 이상미

이화여자대학교에서 경영학 석사학위를 취득했다. CJ인재원에서 임직원의 리더십 교육 개발 및 역량 교육을 담당했다. 대외경제정책연구원에서 10년 이상 근무하며 국제개발협력, 공적 개발원조, G20에 관해 연구하였다. 현재 바른번역에서 전문 번역가로 활동 중이다. 주요 번역서로는『부는 어디에서 오는가』,『1%의 생각법』등이 있다.

표류하는 세계

초판 1쇄 발행 2023년 4월 1일

지은이 스콧 갤러웨이 **옮긴이** 이상미

발행인 이재진 **단행본사업본부장** 신동해
편집장 김예원 **책임편집** 정다이
교정교열 정일웅 **표지 디자인** 김은정 **본문 디자인** 최희종
마케팅 최혜진 신예은 **홍보** 반여진
국제업무 김은정 김지민 **제작** 정석훈

브랜드 리더스북 **주소** 경기도 파주시 회동길 20
문의전화 031-956-7362(편집) 031-956-7087(마케팅)
홈페이지 www.wjbooks.co.kr
인스타그램 www.instagram.com/woongjin_readers
페이스북 www.facebook.com/woongjinreaders
블로그 blog.naver.com/wj_booking

발행처 ㈜웅진씽크빅
출판신고 1980년 3월 29일 제406-2007-000046호

한국어판 출판권 ⓒ웅진씽크빅, 2023
ISBN 978-89-01-27023-4 (03320)